W0107872

Heinrich Böll
Bilder eines Lebens

HEINRICH BÖLL
BILDER EINES LEBENS

HERAUSGEGEBEN VON HANS SCHEURER
UNTER MITARBEIT VON
MAIKEN JERUSALEM, MARKUS SCHÄFER
LAYOUT: WILLI HOLLSTEIN

Kiepenheuer & Witsch

ICH BIN KEIN REPRÄSENTANT

Prominenz und Medienpräsenz sind untrennbar miteinander verbunden. Auf der Jagd nach neuen Bildern, nach Ware für den täglichen Medienkonsum, sind uns die Kameras der Fotografen zur Gewohnheit geworden. Medienkritiker haben darauf verwiesen, wie sich zwischenzeitlich das Verhältnis von Ereignis zu dessen Rezeption verschoben hat: Die Medien reagieren nicht mehr auf das Geschehen, das Geschehen reagiert auf die Präsenz der Medien. Ereignisse werden für die Medien konzipiert, Menschen inszenieren sich für das »starke Bild«.

Keiner unterliegt dieser Gefahr mehr als der Prominente. Und Künstler in besonderer Weise, weil die Ichbezogenheit eine wichtige Triebfeder ihrer Arbeit ist. Als die Vorarbeiten zu diesem Buch begannen, war kurz zuvor in der Schweizer Zeitschrift »du« ein Themenheft über den Schriftsteller Max Frisch erschienen. Es ist eine der schönsten Publikationen über einen Literaten. Jede Fotografie eine perfekte Inszenierung. Der schreibende Architekt wußte um die Macht des Visuellen, er nutzte den Rahmen des Fotos wie eine Bühne.

Ganz anders bei Böll. Der Titel dieses Vorwortes, der wie die anderen Kapitelüberschriften Aufsätzen von Heinrich Böll entnommen ist, zeigt die radikale Gegenposition. Bölls Distanz zum Medium war groß. Ein Mangel an Eitelkeit, der ihm zweifelsohne zu attestieren war, hat dazu geführt, daß die Fotoausbeute seiner Jahre im Mißverhältnis zu seiner Prominenz steht. Anders als vielen seiner Kollegen war ihm jede Inszenierung seiner Person fremd. Und kam es dazu, wie zum Beispiel bei dem Titelfoto dieses Buchs, das im Auftrag seines Verlages für die Standdekoration der Buchmesse angefertigt wurde, dann ist die Verweigerungshaltung Bölls offenkundig.

Ein schwieriger Fall für die Dokumentaristen mit der Kamera, eine nicht ganz einfache Aufgabe für alle, die mit Enthusiasmus und der Absicht an die Arbeit gingen, hier einen Bildband zusammenzutragen, der dem Leben und der Person Heinrich Böll gerecht werden kann. Die Fotografien, die die Familie Böll und die Heinrich-Böll-Stiftung zusammengetragen haben und aus denen ein Bild(!)-Band entstehen sollte, spiegeln die distanzierte Grundhaltung des Autors gegenüber dem Medium und seinen Protagonisten. Kaum eine geschlossene Bildsequenz, kaum ein Fotograf, der bei der Arbeit am »Thema Böll« seine Handschrift hinterlassen konnte. Es gibt lediglich einzelne Bilder, oft eilige Schnappschüsse, als habe der Porträtierte die lästige Sitzung beim Fotografen schnell wieder abbrechen wollen.

Das Spannungsfeld zwischen Verweigerung und (oft gesuchter) öffentlicher Präsenz, zwischen zurückgezogenem Schriftsteller und politischem Mahner mit großer Wirkung, zwischen Familienvater und Erfolgsautor zieht sich wie ein roter Faden durch dieses Buch. Der Bildband sammelt »Bilder eines Lebens« – er zeigt nicht ein »Leben in Bildern«. Themenschwerpunkte und damit Kapitel des Buches wurden nicht vorrangig aus der Biographie Heinrich Bölls definiert, sondern zunächst von der Qualität und Quantität einzelner fotografischer Themen im Archiv. Das Bildmaterial ergibt keine chronologische Geschlossenheit, das Buch kann folglich keine illustrierte Biographie sein. Nach Sichtung des Materials schälten sich Themenkomplexe heraus, die sich wie Mosaiksteine ergänzten und die Umrisse der Person Heinrich Böll erkennen ließen. Die Unschärfen sind durch das Archiv vorgegeben, vom Herausgeber aber durchaus so beabsichtigt: Wer Heinrich Böll erleben will, dem bleibt die wichtigste Quelle: seine Literatur. Dieser Bildband will neugierig machen, indem er den biographischen Hintergrund punktuell ausleuchtet.

Fotografien sind Konserven. Sie speichern visuelle Informationen über inzwischen Vergessenes. Das ist ihre Stärke. Aber Fotos sind immer nur Ausschnitte, aus dem Kontext gerissene Versatzstücke, die an der Oberfläche des Gezeigten hängenbleiben und die Zusammenhänge vernachlässigen. Dieses Defizit konnten wir mit einem wir-

kungsvollen Gegenmittel beheben: den Texten Heinrich Bölls. Sie helfen, die glatte Oberfläche der Fotografie zu durchdringen, inhaltliche Zusammenhänge herzustellen; mit ihrer Hilfe kann Erinnerung wieder funktionieren. Es ist eine Erinnerungsarbeit an ein Leben in Deutschland – mit allen Problemen, die man mit diesem Land haben kann, wenn man nicht bereit ist, vorschnell zur Tagesordnung überzugehen.

Dabei hilft eine Stärke der Fotografie: Sie hält die Zeit an, erinnert an Dinge, die von den ständig neuen Bildern des Medienalltags bereits wieder verschüttet sind. Was wissen wir noch über Mutlangen? Wie war das mit der Ausbürgerung von Wolf Biermann? Wer war Katharina Blum? Wer war Heinrich Böll? Personen und Ereignisse werden in unserer Erinnerung unscharf. Fotografien sind hilfreich bei einer erneuten Fokussierung.

Dieses Buch will nicht nur einen Autor vorstellen, der Literaturgeschichte gemacht hat, sondern auch einen Umgang mit Zeitgeschichte, mit Politik, mit konkreter Utopie. Beschrieben wird ein erklärter »Nicht-Repräsentant«, der allein mit der Macht des Wortes zur moralischen Instanz wurde. Einer, der auf die Wirkung seiner Argumente setzte und nicht auf die oberflächlichen Effekte seiner Medienauftritte. Daß uns vieles daran heute fremd erscheint, ist vielleicht weniger symptomatisch für den Porträtierten – eher für einen Zeitgeist, dessen Diktat wir uns unterworfen haben. »Wir gefährden die Demokratie nicht, wir machen von ihr Gebrauch« lautet der Titel eines Essays von Heinrich Böll. So konkret war die Utopie einer mutigen Demokratie noch nie zuvor in diesem Land – und nie wieder danach.

Der Herausgeber dankt den Mitarbeitern der Böll-Stiftung, die in jahrelanger Kleinarbeit das Fotokonvolut zusammengetragen haben, besonders Maiken Jerusalem und Markus Schäfer, die in detektivischer Kleinarbeit Fotografen und Bildquellen ausfindig machten und mit profunder Literaturkenntnis bei der Auswahl der Texte behilflich waren. Dabei konnte auch auf die Böll-Textdatenbank des Heinrich-Böll-Archivs der Stadtbücherei Köln zurückgegriffen werden, die uns eine wichtige Hilfe war. Ganz besonderer Dank gilt aber René Böll, ohne dessen Geduld und gutes Gedächtnis dieses Buch niemals hätte realisiert werden können.

Hans Scheurer

Köln, im Oktober 1994

Heimkehr in die Fremde

Geboren bin ich in Köln am 21. 12. 1917, dort auch ging ich dreizehn Jahre zur Schule und machte 1937 mein Abitur: aber vorher war etwas geschehen, an das ich mich genau erinnere: 1933, als ich fünfzehn Jahre alt war, war Hitler an die Macht gekommen: Deutschland – niemand hat bisher davon gesprochen – wurde im Dezember 1932 und Januar 1933 von einer Grippeepidemie heimgesucht: die Schulen waren geschlossen, das öffentliche Leben ziemlich lahmgelegt, und die Schnapsbrennereien florierten: Arbeitslosigkeit herrschte, fast niemand hatte Geld, und manchmal, wenn ich zur Schule ging – der Weg führte mich durch ein großes Arbeiterviertel –, waren die Straßen gesperrt, es gab Schießereien, und ich sah zum erstenmal in meinem Leben Panzerwagen, deren ich später sehr viele sehen sollte! Jedenfalls: Hitler kam an die Macht, und ich sehe noch vor mir das Gesicht eines Schulkameraden, der mich besuchte (auch ich lag mit Grippe im Bett) und mir freudestrahlend dieses Ereignis mitteilte.

Merkwürdigerweise wurde ich davor bewahrt, den politischen Irrtümern zu erliegen, obwohl ich generationsmäßig dazu ausersehen war. Meine Eltern, meine Geschwister, viele Freunde und Freundinnen meiner Geschwister – und mancher meiner Lehrer: sie alle zusammen bewahrten mich davor: meine Eltern hatten immer ein offenes Haus, obwohl wir wenig Geld hatten,

und es wurde tagelang, Nächte hindurch bei uns diskutiert: sehr oft und in sehr großem Kreis. Eine von den vielen Freunden und Freundinnen, die bei uns verkehrten, wurde später meine Frau (ist es heute noch). [...]

—

Den Krieg machte ich als Infanterist mit, auf verschiedenen Kriegsschauplätzen zwischen Kap Gris Nez und der Straße von Kertsch, und obwohl ich ihn interessant genug erlebte (ich wurde viermal verwundet und war einige Mal »da vorne«, was man »Front« nannte), so erschien mir der Krieg doch wie eine ungeheure Maschinerie der Langeweile, die durch die Nazis noch langweiliger gemacht wurde, als sie von Natur aus schon ist: blutige unendliche Langeweile, die durch nichts unterbrochen wurde als durch die Briefe von meiner Frau und meinen Eltern, und die Verwundung, die ich begrüßte, weil sie immerhin einen Urlaub einbrachte. Einen weiteren Eindruck vom Krieg: den der Stümperei. Es mag viele Schriftsteller geben, die Stümper sind, viele Tischler wahrscheinlich und viele Politiker, aber ich glaube, in keinem Berufsstand gibt es so viele Stümper – und in keinem Stand hat die Stümperei so blutige Folgen – wie in dem des Militärs. [...]

—

Es kam das entsetzliche Ende des Krieges, das ich, mit gefälschten Papieren versehen, bei meiner Frau erlebte: Hinrichtungen Fahnenflüchtiger, Befehle, deren Unmenschlichkeit nicht mehr zu überbieten war, und ich schloß mich, um

der drohenden Verhaftung und dem Todesurteil zu entgehen, einer Infanteriedivision an und erlebte hier die Auflösung der Wehrmacht, die eine komplette Auflösung von innen heraus war: Horden – wie sie seit dem 30jährigen Krieg nicht mehr gesehen worden waren, durchzogen das Land, Brücken wurden gesprengt und ein Rausch der Vernichtung war über alle gekommen: Soldaten wurden erhängt, erschossen, zwei Minuten vor Kriegsende, und irgendwo in einem Bunker in Berlin saß Hitler, die Ratte des Untergangs, und kaute an den Fingernägeln, während Generäle und Feldmarschälle den Willen der Ratte vollzogen. [...]

—

Als ich aus der Gefangenschaft nach Hause kam, lebte meine Frau noch auf dem Dorf, von dem sie mich zuletzt hatte an die »Front« ziehen sehen, die acht Kilometer von diesem Dorf entfernt war. Wir zogen gleich in das völlig zerstörte Köln zurück, und ich lebe heute wieder dort, obwohl meine Freunde mich oft fra-

gen, warum ich diese völlig unliterarische und ruhige Stadt nicht verlasse, aber etwas spricht für Köln, etwas sehr Bedeutsames: in keiner Stadt Deutschlands hat Hitler sich so wenig wohl gefühlt, hat er sich so selten blicken lassen, und die Kölner haben etwas penetrant Unmilitärisches: das spricht für Köln, und ich lebe gerne dort.

Ich hatte schon in den Jahren 1936 bis 1938 zu schreiben begonnen, aber in den Jahren bis 1945 schrieb ich fast nichts, außer Briefe an meine Frau: mindestens einen jeden Tag, und ich bekam jeden Tag einen von ihr: manchmal, wenn ich plötzlich versetzt wurde oder verwundet ins Lazarett kam, wenn meine Feldpostnummer wechselte – und sie wechselte häufig –, bekam ich monatelang keine Post, und irgendwo sammelten sich die Briefe, fünfzig, achtzig, hundert waren es oft, die ich öffnete, hintereinander legte und dann wie ein Buch las. [...]

■ *Aus: Selbstvorstellung eines jungen Autors, 1953*

1923 *Heinrich Böll (links) mit Nachbarskindern*

Ein wichtiges Erlebnispodium, möchte ich sagen, für mich war die Straße. Wir spielten immer auf der Straße, mit allen, mit Kindern aller möglichen sozialen Herkunft. Es war eigentlich nicht klassenmäßig getrennt. Und sehr wichtig war der Schulweg, verstehen Sie? Ich ging zu Fuß zur Schule, später fuhr ich mit dem Rad. Und schon auf dem Weg zur Schule, so Ende der 20er, Anfang der 30er Jahre, konnte man sehr anschaulich die politische Entwicklung und auch den Zustand sehen. Es gab in Köln sehr viele Kommunisten und das Viertel, durch das ich zur Schule ging und später fuhr, war ein fast rein kommunistisches Viertel. Es gab

Demonstrationen, es gab Straßenschlägereien ... Es kamen solche Nazitrupps, zum ersten Mal, in mein Blickfeld, richtige Schläger. Man vergißt ja, wenn man das rein politisch sieht – also Nationalsozialisten, Kommunisten usw., wird es ja rein abstrakt –, die Nazis waren ja eine terroristische Schlägertruppe, ausgesprochen terroristisch, nicht?

Und meine Mutter, wir hatten immer sehr viel Besuch. Schulkameraden von mir und meinen Brüdern; auch solche, die die Schule schwänzten, kamen dann zu meiner Mutter und saßen in der Küche. Es entstand so ein, sagen wir, anarchistisches Klima, ja? Das mich, glaub ich, sehr geprägt hat: ... so in der Küche sitzen

oder im Wohnzimmer und, wenn man eben ein bißchen Geld hat, 'nen Kaffee kochen und reden. Es war schon fast ein Rückzug in die Familie. [...]

▮ *Aus: Heinrich Böll im Interview mit Brigitte Paul und Ivo Banabo Micheli, 1977*

1929 *Kreuznacher Straße,*
Köln-Raderthal

um 1938 *von links: Mechthild Böll, Heinrich Böll, Annemarie Cech und Caspar Markard*

Westen, den 30. August 1942, 2 Uhr morgens.

[...] Nun bin ich schon mehr als 24 Stunden auf den Beinen; davon habe ich fast zehn Stunden Posten gestanden, und während des Tages bin ich viel hin und her gelaufen in der Hitze. [...]

■

Heute war ein hoher Festtag für mich, ich bin überaus glücklich, obwohl ich nun schon Tage fast ohne Schlaf und unsagbar müde bin; glücklich bin ich, weil ich eine Messe gehört und kommuniziert habe; ach, niemals im Leben hätte ich gedacht, daß mir eine Messe so kostbar werden könnte; [...]

■

Du kennst vielleicht die Geschichte von Chesterton, in der er den Anlaß zu seiner endgültigen Konversion schildert; sie ist betitelt: »Was mich eigentlich hätte abhalten sollen!« Wie es da geschildert wird vom Weltkrieg – müde kommen die Soldaten aus ihren Stellungen zum Gottesdienst –, so war es bei uns auch heute nachmittag. Bei schlimmer Hitze – während die anderen badeten im Meer! – tappten wir eine Stunde durch den heißen Dünensand bis zu einer kleinen Dorfkirche, wo vielleicht im Frieden einmal in der Woche eine Messe gelesen wird; nicht sehr weit vom Meer in einem Weiler liegt die kleine Kapelle auf einem Hügel; wir waren über eine Stunde zu früh da, und

1941 *Heinrich Böll (rechts) in Paris*

während die andern im Schatten einiger Bäume eine Siesta hielten, setzte ich mich auf den kleinen Friedhof und wartete, denn ich wollte den Pfarrer möglichst noch vorher abfangen, um zu beichten. Es war eine wunderbare stille Stunde, die ich da gewartet habe; [...] ich kurbelte mir, auf einem Grabstein sitzend, eine Zigarette und betrachtete dann die wenigen großen Familiengräber der umliegenden wunderbaren großen Gehöfte, die zum Teil noch bewohnt sind; da sehe ich den Grabstein eines *Maréchal de 15ième*

Artillerie, 30 ans, tombé 1916; ich stelle mir einen schlanken stillen Mann vor mit einem Napoleonsgesicht, hier am Meer geboren und aufgewachsen in der Stille der Dünen, der auf den großen Weiden gespielt hat und erfüllt war von der Größe des Elements, das alle Tage seiner Kindheit und Jugend bestimmt hat ... 90jährige Bauern sind da begraben und Kinder, die einen Monat alt waren, und Frauen von 25 und 30 Jahren und alte Fräulein von 80 und 85 Jahren; es sind nur wenige Grabsteine, und die Inschriften sind alle

sehr knapp, aber wenn man sie liest, steigt vor einem ein ganzer Roman von lebensvollen Gestalten auf, die gelebt und geweint, geliebt, geküßt und kommuniziert haben; ich war so sehr vertieft, daß ich das Kommen des Pfarrers übersehen habe und dann ein wenig traurig mich in die überfüllte Kapelle schlich. [...]

▌ *Aus: Mit den Augen eines Soldaten, 1987*

1942 *Standesamtliche Trauung mit Annemarie Cech in Köln*

1938 *Reichsarbeitsdienst Wolfhagen, Heinrich Böll (6. von links)*

1940 *Bruder Alois zu Besuch bei Heinrich Böll im Ausbildungslager Osnabrück*

1944 *Heinrich Böll mit Ehefrau Annemarie zu Besuch bei den Eltern Maria und Viktor Böll in Ahrweiler*

SELBSTDARSTELLUNG EINES JUNGEN AUTORS

Vor sieben Jahren besuchte ich den Herausgeber einer bekannten Zeitschrift, dem ich ein Manuskript vorlegen wollte; als ich vorgelassen wurde, überreichte ich ihm das Manuskript – – es war eine Erzählung – – aber er blickte es gar nicht an, legte es auf einen der Stapel, die seinen Schreibtisch bedeckten, ließ mir von seiner Sekretärin eine Tasse Kaffee geben, trank selbst ein Glas Wasser und sagte: »Ich werde Ihr Manuskript lesen, später, vielleicht erst in ein paar Monaten, Sie sehen, wieviel hier herumliegt, aber bitte, beantworten Sie mir eine Frage, die keiner Ihrer Vorgänger – es waren schon sieben heute morgen bei mir – mir befriedigend hat beantworten können: wie kommt es, daß es so viele – – ich meine es ohne Ironie – – so viele Genies gibt und nur so wenig Manager, wie ich einer bin. Ich liebe die Zeitschrift, die ich mache, aber ich würde nicht sterben, wenn ich meinen alten Beruf wieder ausüben müßte: ich war Reklamechef einer Rasierklingenfabrik und schrieb nebenbei Theaterkritiken, weil es mir Spaß machte. Haben Sie einen Beruf und welchen?«

»Im Augenblick bin ich Angestellter eines statistischen Amtes.«

»Und Sie hassen diesen Beruf, empfinden es als eine Erniedrigung, ihn auszuüben?«

»Nein«, sagte ich, »ich hasse ihn nicht und empfinde es keineswegs als eine Erniedrigung, ihn auszuüben; ich ernähre – wenn auch mehr schlecht als recht – meine Frau und meine Kinder durch die Ausübung dieses Berufes.«

»Aber Sie fühlen das Bedürfnis, mit zerknautschten, schlecht getippten Manuskripten durch die Gegend zu reisen oder sie der Post anzuvertrauen, und wenn sie auch alle zurückkommen, immer neue zu schreiben?«

»Ja«, sagte ich. »Und warum tun Sie das? Überlegen Sie Ihre Antwort gut, denn sie wird zugleich die Antwort auf meine erste Frage sein.«

Diese Frage war mir noch nie gestellt worden, und ich dachte nach, während der Redakteur anfing, meine Erzählung zu lesen. »Ich habe«, sagte ich schließlich, »ich habe keine andere Wahl.« [...]

Keine andere Wahl haben, das ist ein großes Wort, aber ich habe auf die Frage, warum ich schreibe, bisher keine bessere Antwort gefunden: Kunst ist eine der wenigen Möglichkeiten, Leben zu haben und Leben zu halten, für den, der sie macht, und für den, der sie empfängt. Sowenig wie Geburt und Tod und alles, was dazwischen liegt, Routine werden können, so wenig kann es die Kunst. Freilich gibt es Menschen, die ihr Leben routiniert leben; nur: sie leben nicht mehr. Es gibt Künstler, Meister, die zu bloßen Routiniers geworden sind, aber sie haben – – ohne es sich und den anderen einzugestehen – – aufgehört, Künstler zu sein. Man hört nicht dadurch, daß man etwas Schlechtes macht, auf, ein Künstler zu sein, sondern in dem Augenblick, in dem man anfängt, alle Risiken zu scheuen.

◼ *Das Risiko des Schreibens, 1956*

1952 *Heinrich und Annemarie Böll mit den Kindern (von links) Raimund, Vincent und René*

1953 *Das neue Haus in Köln-Müngersdorf, Belvederestraße*

Wo wir wohnen, fangen ungefähr die Niederlande, fängt, genau nördlich der Eisenbahnstrecke Köln–Aachen, hier die große Ebene an. Von dieser Linie aus sehen wir die Silhouette von Widdersdorf, das schon an Breughel und Bosch erinnert. Obwohl nur wenige Kilometer entfernt, sieht es unendlich weit aus. Dörfer, die so in Ebenen liegen, wirken geduckt und angstvoll: jahrhundertealte Kriegserfahrung in dieser mit Kriegen reichlich bedachten Landschaft. In dieser totalen Ebene wirken Niveauunterschiede von zehn, fünfzehn Metern, wie in unserem Dorf und im benachbarten Bocklemünd, schon abenteuerlich. Wenn Schnee liegt, die Kinder mit ihren Schlitten zum Rodeln ausziehen, gelten Dämme oder Bodenwellen, die vier, fünf Meter Gefälle bieten, schon als begehrte Bahnen.

Der Vorort, in dem wir wohnen, ist immer noch Dorf. Kaum fünf Kilometer vom Stadtzentrum entfernt, erhält sich die Dörflichkeit aus geographischen Gründen. Jedenfalls im oberen Teil des Dorfes. Im Osten und Süden ist es durch zwei sehr verkehrsreiche Straßen fast wie durch Stacheldrahtverhaue geschützt, im Westen durch einen Grünstreifen, der nicht bebaut werden darf, im Norden durch die Bahnlinie Köln–Aachen, über die nur eine einzige schmale Brücke führt. Große Bauernhöfe, die schon lange nicht mehr als solche betrieben werden, alte Bäume, von denen einer – das sind Einzelheiten, wie die Kinder sie aus dem Heimatkundeunterricht mitbrachten –, von denen einer als die zweitgrößte Rotbuche Nordrhein-Westfalens bezeichnet wird: ein wahrhaft majestätischer Baum. Wir sehen ihn

um 1958 *Heinrich Böll mit Vincent, Raimund, René und dem Neffen Viktor Böll (von links)*

1954 *Heinrich Böll mit Gunhild Kunz und Vater Viktor Böll*

vom Fenster aus; er steht ungefähr an der Stelle, von der aus, wie die Dorflegende berichtet, Napoleon, als er hier einmarschierte, auf das ihm zu Füßen liegende Köln geblickt haben soll. Aus der Richtung, aus der Napoleon kam, aus Westen, rückte im März 1945 die amerikanische Armee von hier aus auf Köln vor.

Das Dorf ist wenig zerstört gewesen, aus – wiederum laut Dorflegende – einem Grund: seine zweitürmige Kirche liegt genau westlich vom zweitürmigen Dom, sie soll anfliegenden Bomberverbänden als Richtzeichen gedient haben. Zwischen ihren beiden Türmen und den Domtürmen durfte »abgeladen« werden.

Trotz aller seit Kriegsende Zugezogenen, trotz der Neubauten, sind es die alten Dorfbewohner, die dem Dorf Stil verleihen: Frauen, die Tag für Tag mit dem Gebetbuch

unterm Arm morgens zur Messe, nachmittags zur Andacht gehen; ihre Kleidung, ihre Mienen, die alten Fachwerkhäuschen, aus denen sie kommen; die Wäsche auf ihren Leinen – seit sechzig oder fast hundert Jahren unverändert. Manche sehen aus wie Leibl-Modelle. Das Dorf hat seine gewundenen Straßen, seinen eigenen Friedhof, seine eigene Pilgerwoche: die Wendelinuswoche, während derer noch kleine Pilgerprozessionen wallfahrend den kleinen Hügel heraufziehen. Unsere Nachbarin, eine alte Bäuerin, erzählte uns noch, daß man früher einen Schlafplatz in der Scheune und heißes Kaffeewasser am Morgen für drei bis fünf Pfennige an Pilger abgab. In meiner Kindheit war Müngersdorf noch sonntäglich-bürgerliches Ausflugsziel; nach Spaziergängen durch Stadtwald, Stadion, Grüngürtel trank man Kaffee, nicht mit Kuchen, sondern – ländlich – mit Bauernstuten,

1956 *im Garten des Hauses Belvederestraße*

Butter und Marmelade in einem der großen Gartenrestaurants an der Aachener Straße, bevor man mit der Straßenbahn Nr. 8 nach Köln, in die Stadt zurückfuhr.
[...]

▌ *Aus: Stichworte 2: Örtlichkeit, 1965*

Heinrich Böll an Ernst-Adolf Kunz, Köln-Bayenthal, Schillerstraße 99, den 20. 2. 49.

Mein lieber Ada, auch diese Woche verlief wieder – bis auf ein kleines Honorar – völlig ergebnislos. Nächste Woche werde ich, etwa am Mittwoch, wenn ich bis dahin nichts gehört habe, alarmieren. Aber wir sind gefasst, wirklich, diese letzten beiden Monate haben uns gelehrt, dass man auch ertragen kann und dass es wirklich mit Glück, Freiheit und Freude nichts zu tun hat, viel Geld zu haben, und ist diese Lehre nicht wirklich noch mehr wert als wir dafür bezahlt

Um 1949 *Foto links: Heinrich Böll mit Sohn Raimund*

1948 *Foto rechts: von links: Bruder Alois mit seiner Tochter Birgit, dem Sohn Clemens und vorne sitzend Sohn Gilbert, rechts Heinrich Böll mit Sohn Raimund*

1953 *Annemarie und Heinrich Böll mit Sohn Vincent*

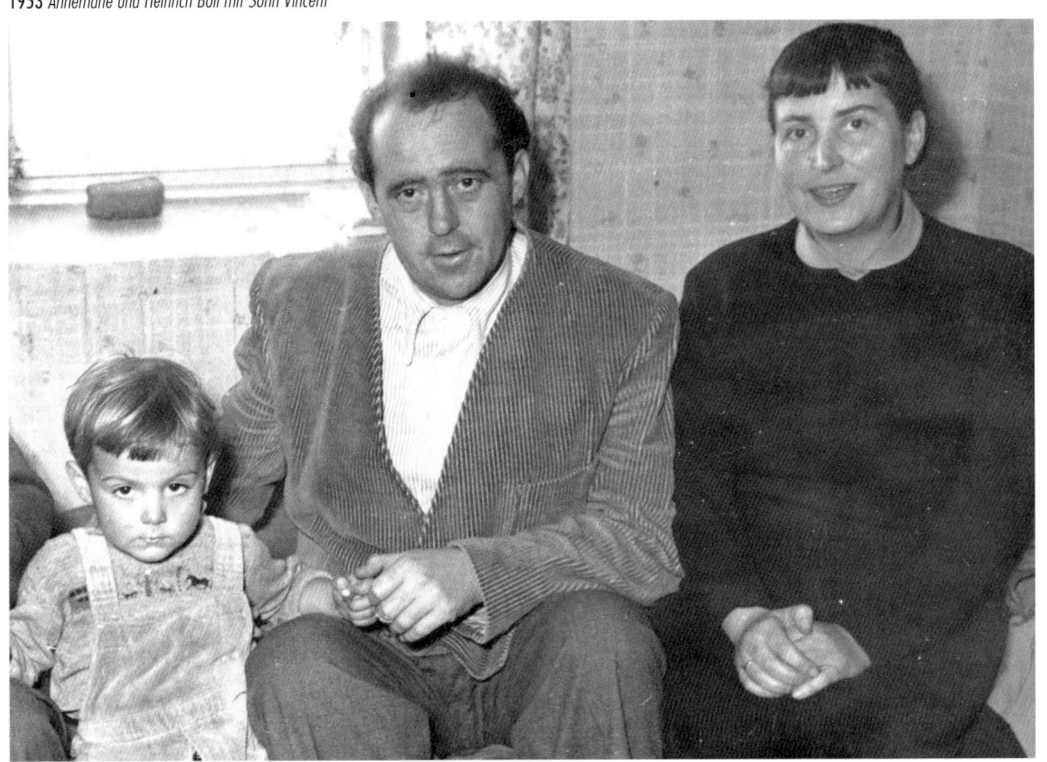

haben: zwei Monate der Ungewissheit. Auch haben wir jetzt erst wirklich Gelegenheit gehabt, uns richtig in die finanziell stets ungewisse Lebensweise eines freien »Künstlers« einzuspielen, und wir sind entschlossen, »durchzuhalten«. Trotz des Briefträgers völligem Versagen bin ich weitgehend optimistisch, toll, nicht wahr?

Gestern allerdings kam ein nettes kleines Paketchen von Annemaries Freundin mit einigen Leckereien, die uns sehr zustatten kamen, da die Kasse völlig leer und nicht einmal auf die Marken mehr zu kaufen möglich gewesen wäre. Es kommt immer alles, wenn es nötig ist. Wir hatten buchstäblich unseren letzten Eimer

1957 *Bundesgartenschau in Köln*

Briketts aus dem Keller geholt, als das Auto vorfuhr, das neue brachte. Was wir gelernt haben, ist wirklich: Gelassenheit: die Dinge nur auf sich zukommen lassen. Vielleicht hast Du den Film »Das große Treiben« gesehen und entsinnst Dich der Szene, wo die Männer der heranrasenden Ochsenherde kühl und gelassen ins Auge sehen und sie dadurch zwingen, umzukehren.

Alle Genussdinge sind doch im Grunde genommen wirklich relativ; wenn ich jetzt eine Tasse starken Kaffee trinke, habe ich tausendmal mehr davon, als zu jener Zeit, da sie mir täglich gewiss war. Gestern kam auch wieder Tee und die Erfahrung hat uns gelehrt, daß es richtig ist, alles zu »verjubeln«, wozu wir ja auch gerne bereit sind. Nur nicht sparen.

Meine Frau macht mir reizende weisse Hemden, da wir nicht mehr länger auf das Geld, sie zu kaufen, warten können. Ich freue mich sehr. Sonst ist alles gesund, der Dicke und auch René, der Erzengel der Familie, der stets lächelt und freundlich ist. Vorige Woche war meine Frau weg und ich mußte ihn sieben Stunden behüten. Er hat buchstäblich keine Minute geknatscht, ich konnte ruhig arbeiten und er war dankbar, wenn ich ihm ab und zu einmal zulächelte. Der Dicke im gleichen Alter hätte mich halb wahnsinnig gemacht.

In Düsseldorf war es sehr nett, und ich denke auch erfolgreich, doch wird sich dieser Erfolg erst in einigen Monaten zeigen, da das Programm immer für einige Monate festliegt. Nach Aschermittwoch soll ich wieder hin. Dann komme ich auch zu Euch. Das wäre in knapp vierzehn Tagen, aber vorher

1953 *Karneval in Köln; Heinrich Böll mit den Kindern (von links) Raimund, Vincent und René*

1952 *Die Schwägerin von Annemarie Böll, Gertrud Imdahl, mit den Kindern (von links) Raimund, René und Vincent*

kommen ja die Mädchen zu Karneval. Wenn Du es eben kannst, komm mit. Es wird nett, besonders bei der Besichtigung des Rosenmontagszuges. Wenn wir auch kein Geld haben, dazu wird schon irgend etwas herhalten müssen, wahrscheinlich werden wir einen schönen Ring ins Pfandhaus tragen. Dann haben wir drei Monate Zeit, ihn einzulösen. Ausserdem braucht man nicht viel. Vielleicht geht es auch. Ich habe zum ersten etwa hundertundzwanzig Mark von meinen Schülern zu kriegen, davon wird nur die Taube bezahlt und einige kleine Schulden. Die »Brücke von Berkowo« habe ich auf die Reise geschickt, ebenso wie einige andere Sachen. Und obendrein müssen sich die Verlagsbrüder doch mal melden und blechen.

Literarisch habe ich ganz neue Pläne und Vorsätze und ich glaube, dass ich, wenn ich auch in anderen Punkten äusserst schwach bin, darin werde keine Konzessionen machen.

ca.1954 *Alois und Heinrich Böll (vorne) beim Winterspaziergang*

Weisst Du, gewisse Parallel-Pläne. Einesteils die Weiterführung der satirischen Linie (mein teures Bein und ähnliches) und dann die klassische scharfe prägnante und gedrungene knappe Form. Das reizt mich sehr. Vor allem möchte ich dazu kommen, dass ich mit der Hand schreiben kann. Die Maschine versaut den Charakter. Bestimmt.

Ich war sehr froh bei Euch, mein lieber Ada. Immer wieder, wenn auch nur für Stunden, bedeutet es eine schöne und menschliche Entspannung und es liegt lediglich an den Moneten, dass ich nicht öfter und für länger auftauche. Aber nur Geduld. Du weisst, daß ich zäh bin, zielbewusst und auch nüchtern. Es wird gelingen. Auch mit meiner Nebenbeschäftigung, die das Leben von Frau und Kindern sichern soll. Ich müsste meiner Frau im Monat hundertfünfzig bis zweihundert Mark geben können, das langte dicke. Und ich

könnte oben sitzen und unbekümmert arbeiten. Ich lese viel und planmässig und bin gezwungen, noch einige lit. Zeitschriften zu halten, um mich auf meine zukünftige Lektoratstätigkeit vorzubereiten, dazu gehört allerlei Wissen, wie mir ein Kumpel erzählte: Bewegung auf dem Büchermarkt, Leserpsychologie, Absatzmöglichkeiten, Doppel-Erscheinungen vermeiden, allerlei Kram, den man einfach studieren muss. Der Kumpel riet mir auch, einmal bei der Veröffentlichung einer Novelle, hinten bei der biographischen Notiz eine Andeutung unterbringen zu lassen: »möchte sich als Lektor oder Kritiker betätigen« oder aehnliches. Gute Idee, die ich ausführen werde. Es wird irgendwie schon klappen. Zum Funk habe ich keine Lust mehr. Die Atmosphäre ist mir zu arrogant, zu modern, zu sehr auf Erfolg und vor allem auf Schnelligkeit bestimmt und ich fürchte sehr für meine Freiheit, und meine

1955 *Federballspiel im Garten des Freundes Ada Kunz in Gelsenkirchen*

1958 *Lago Maggiore: Annemarie Böll mit den drei Söhnen beim Schulunterricht*

Freiheit ist mir wirklich mehr wert als tausend Mark im Monat. Irgendeine freie Mitarbeiterschaft gern, aber ich würde mich doch nie binden. Die Sachen, die ich da noch laufen habe, werde ich zu lockern versuchen.

Und Du, junger Freund? Schreib mir alles, was los ist und was Du unternimmst, ich bitte Dich. Jegliche Theaterneuheit, soweit sie Dich betrifft, interessiert mich. Hoffentlich ist meine Karte mit dem Theaterplan früh genug für O. K. angekommen, ich hatte es wirklich vergessen.

Sag Wera bitte, dass bezüg-
lich Karneval alles bei den
Abmachungen bleibt und sie
sollen sehen, dass sie mittags
hier sind. Ich schreib es ihr
noch einmal, das ist besser und
lege den Brief Dir bei. Tilla
freut sich und wir werden
zu mindestens [mit] zehn
Mann losziehen, auch meine
Brüder wenigstens um den
Zug zu sehen.

So, ich muss Schluss
machen, es ist Sonntag, ich
habe gestern lange gelesen,
natürlich lange geschlafen und
gehe jetzt immer nachmittags
in den Dom zur Kirche. Es ist

*1972 Heinrich Böll mit Sohn Raimund und
Schwiegertochter Lila im
Landhaus Langenbroich*

wirklich wunderbar und die
Predigten sind ausgezeichnet.
Ausserdem ist das Publikum
dort reizvoll: viele Durchrei-
sende, die »Gläubigen« in der
Mitte um den Altar herum –
und aussen die Zuschauer,
erstaunt, ehrfürchtig oder spöt-
tisch, aber alle anständig, viele
bedrückt. Es erinnert mich
immer etwas an die Gefangenschaft, wo es ähnlich war,

nicht? Von Fey habe ich nichts
gehört, ich vermute, dass er
von einem Ball in den anderen
taumelt.

Schreib mir bald und gib
Wera bitte den Brief mit den
letzten Instruktionen.

Und grüsse Deine liebe
Mutter, bitte herzlich, Deinen
Vater und Nita. Das Pervitin

ist wirklich herrlich, unglaub-
lich und ich behalte mir vor,
mich bei Gelegenheit für diese
so großzügige Freundlichkeit
zu revanchieren...
Dein Hein

■ *Aus: Die Hoffnung ist wie ein
wildes Tier, 1994*

1982 *Heinrich Böll mit den Enkelkindern Samay und Boris*

1980 *Vincent Böll mit Tochter Sara*

ca.1980 *Heinrich Böll mit Enkeltochter Samay*

Aus: Irisches Tagebuch 1954–1957

dann, weil der Mann keinerlei Reaktion zeigte; dann klopfte der Junge vorsichtig mit dem Zeigefinger den Mann ab, um festzustellen, ob er noch lebte: Er lebte noch, schlug dem Jungen lachend auf die Schulter.

Immer länger wurde die Schlange vor dem Schalter, wo es den Nektar Westeuropas in großzügigen Portionen um billiges Geld gab: Tee; als wären die Iren bemüht, unbedingt auch diesen Weltrekord, den sie knapp vor England halten, nicht preiszugeben: Fast zehn Pfund Tee werden jährlich pro Kopf in Irland verbraucht: Ein kleines Schwimmbassin voll Tee also muß in jedem Jahr durch jede irische Kehle laufen.

Während ich langsam in der Schlange vorrückte, blieb Zeit genug, mir die anderen irischen Weltrekorde ins Gedächtnis zu rufen: Nicht nur den im Teetrinken hält dieses kleine Land: als zweiten den im Priesternachwuchs (die Erzdiözese Köln etwa müßte fast tausend Neupriester jährlich weihen, um mit einer kleinen Erzdiözese in Irland konkurrieren zu können); als dritten Weltrekord hält Irland den im Kinobesuch (wiederum – wieviel Gemeinsamkeit bei allen Gegensätzen! – knapp vor England); als vierten schließlich einen bedeutsamen, von dem ich nicht zu sagen wage, daß er mit den ersten dreien in ursächlichem Zusammenhang stehe: In Irland gibt es die wenigsten Selbstmörder auf dieser Erde. Noch sind die Rekorde im Whiskeytrinken und im Zigarettenrauchen nicht ermittelt, doch auch in diesen Disziplinen liegt Irland weit vorne, dieses kleine Land, das soviel Bodenfläche wie Bayern, aber weniger Einwohner hat, als zwischen Essen und Dortmund wohnen. [...]

Es gibt dieses Irland: Wer aber hinfährt und es nicht findet, hat keine Ersatzansprüche an den Autor.

Ankunft I

Als ich an Bord des Dampfers ging, sah ich, hörte und roch ich, daß ich eine Grenze überschritten hatte; eine von Englands lieblichen Seiten hatte ich gesehen: Kent, fast bukolisch – das topographische Wunder London nur gestreift – dann eine von Englands düsteren Seiten gesehen: Liverpool – aber hier auf dem Dampfer war England zu Ende: Hier roch es schon nach Torf, klang kehliges Keltisch aus Zwischendeck und Bar, hier schon nahm Europas soziale Ordnung andere Formen an: Armut war nicht nur »keine Schande« mehr, sondern weder Ehre noch Schande: Sie war – als Moment gesellschaftlichen Selbstbewußtseins – so belanglos wie Reichtum; die Bügelfalten hatten ihre schneidende Schärfe verloren, und die Sicherheitsnadel, die alte keltisch-germanische Fibel, trat wieder in ihr Recht; wo der Knopf wie ein Punkt gewirkt hatte, vom Schneider gesetzt, war sie wie ein Komma eingehängt worden; als Zeichen der Improvisation förderte sie den Faltenwurf, wo der Knopf diesen verhindert hatte. Auch als Aufhänger für Preisschildchen, als Hosenträgerverlängerung, als Manschettenknopf-Ersatz sah ich sie, schließlich als Waffe, mit der ein kleiner Junge durch den Hosenboden eines Mannes stach: Erstaunt war der Junge, erschrocken

1958 *Ferienhaus der Familie Böll in Irland*

1957 *Der zweite Irland-Urlaub; in der Mitte die Söhne René (links) und Raimund*

Skelett einer menschlichen Siedlung

Plötzlich, als wir die Höhe des Berges erreicht hatten, sahen wir das Skelett des verlassenen Dorfes am nächsten Hang liegen. Niemand hatte uns davon erzählt, niemand uns gewarnt; es gibt so viele verlassene Dörfer in Irland. Die Kirche, den kürzesten Weg zum Strand hatte man uns gezeigt und den Laden, in dem es Tee, Brot, Butter und Zigaretten gibt, auch die Zeitungsagentur, die Post und den kleinen Hafen, in dem die harpunierten Haie bei

Ebbe im Schlamm liegen wie gekenterte Boote, mit dem dunklen Rücken nach oben, wenn nicht zufällig die letzte Flutwelle ihren weißen Bauch, aus dem die Leber herausgeschnitten worden war, nach oben kehrte – das schien der Erwähnung wert, aber nicht das verlassene Dorf: graue, gleichförmige Steingiebel, die wir zunächst ohne perspektivische Tiefe sahen, wie dilettantisch aufgestellte Kulissen für einen Gespensterfilm: Mit stockendem Atem versuchten wir sie zu zählen, gaben es bei vierzig auf, und hundert waren es sicher. Die nächste Kurve des Weges brachte uns in

andere Distanz, und nun sahen wir sie von der Seite: Rohbauten, die auf den Zimmermann zu warten schienen: graue Steinmauern, dunkle Fensterhöhlen, kein Stück Holz, kein Fetzen Stoff, nichts Farbiges, wie ein Körper ohne Haare, ohne Augen, ohne Fleisch und Blut: das Skelett eines Dorfes, grausam deutlich in seiner Struktur: dort die Hauptstraße; an der Biegung, wo der kleine runde Platz ist, muß eine Kneipe gewesen sein. Eine Nebengasse, noch eine. Alles, was nicht Stein war, weggenagt von Regen, Sonne und Wind – und von der Zeit, die geduldig über alles hinträu-

1960 *Frühstück im Ferienhaus in Irland*

1960 *Kaminsims im Arbeitszimmer des Ferienhauses*

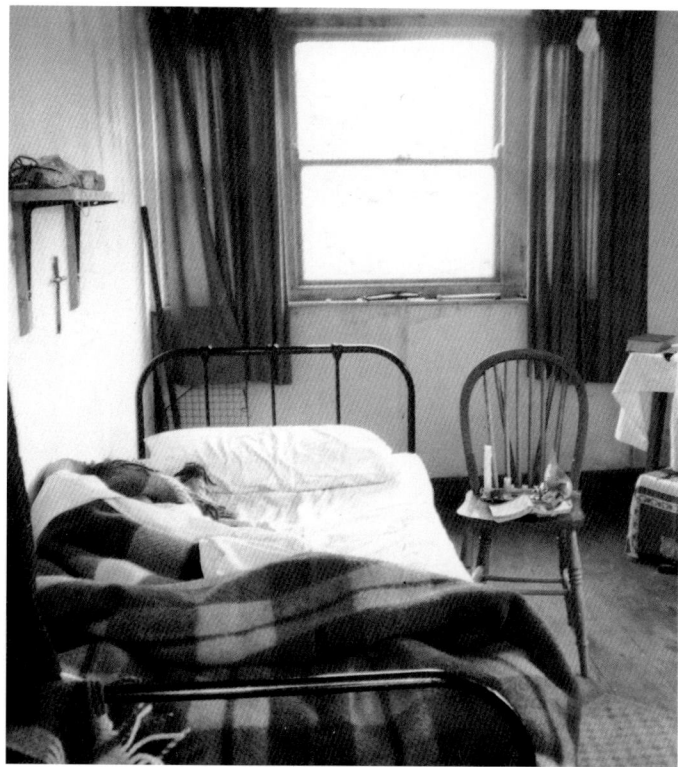

1960 *Kinderzimmer im Ferienhaus in Irland*

felt: vierundzwanzig große Tropfen Zeit pro Tag: die Säure, die so unmerklich alles zerfrißt wie Resignation ... [...]

—

So sah keine zerbombte Stadt, kein mit Artillerie beschossenes Dorf aus; Bomben und Granaten sind ja nur verlängerte Tomahawks, Schlachtenbeile, Schlachtenhämmer, mit denen man zerbricht, zerhackt, hier aber ist keine Spur von Gewalt zu sehen: Zeit und Elemente haben alles in unendlicher Geduld weggefressen, was nicht Stein war, und aus der Erde wachsen Polster, auf denen diese Gebeine wie Reliquien ruhen: Moos und Gras.

Niemand würde hier eine Mauer umzustürzen versuchen oder einem verlassenen Haus Holz (das hier sehr kostbar ist) entnehmen (bei uns nennt man das *ausschlachten*; hier schlachtet niemand aus); und nicht einmal die Kinder, die abends das Vieh von der Weide oberhalb des verlassenen Dorfes heimtreiben, nicht einmal die Kinder versuchen Mauern oder Hauseingänge einzustürzen; unsere Kinder, als wir plötzlich mitten im Dorf waren, versuchten es gleich: dem Erdboden gleichmachen. Hier machte niemand etwas dem Erdboden gleich, und man läßt die weicheren Teile verlassener Wohnstätten dem Wind, dem Regen, der Sonne und der Zeit zur Nahrung, und nach sechzig, siebzig oder hundert Jahren bleiben dann wieder Rohbauten übrig, auf die niemals wieder ein Zimmermann seinen Kranz zum Richtfest stecken wird: So sieht also eine menschliche Siedlung aus, die man nach dem Tode in Frieden gelassen hat. [...]

■ *Aus: Irisches Tagebuch 1954-1957*

1955 *(von links) René, Raimund, Annemarie Böll und Vincent*

1955 *(von rechts) Heinrich Böll mit der Freundin der Familie, Mary Daly, der Haushilfe Christel Assenmacher und den beiden Söhnen René und Vincent*

1962 *Irland: Segelvorbereitung mit Sohn René*

Leiden, Zorn und Ruhe

Zur Person nur soviel: Obwohl als einzelner schreibend, ausgestattet nur mit einem Stoß Papier, einem Kasten gespitzter Bleistifte, einer Schreibmaschine, habe ich mich nie als einzelnen empfunden, sondern als Gebundenen. Gebunden an Zeit und Zeitgenossenschaft, an das von einer Generation Erlebte, Erfahrene, Gesehene und Gehörte, das autobiographisch nur selten annähernd bezeichnend genug gewesen ist, um in Sprache gefaßt zu werden; gebunden an die Ruhe- und Heimatlosigkeit einer Generation, die sich plötzlich ins Großvateralter versetzt findet und immer noch nicht – wie nennt man das doch – reif geworden ist. Was fängt man mit solchen Großvätern an – in die psychiatrische Klinik mit ihnen oder ins Krematorium? Es sieht einer im Auge des andern den Mord: du wärst besser gestorben oder umgebracht worden. Es laufen zu viele Mörder frei und frech in diesem Lande umher, viele, denen man nie einen Mord wird nachweisen können. Schuld, Reue, Buße, Einsicht sind nicht zu gesellschaftlichen Kategorien geworden, erst recht nicht zu politischen. Vor diesem Hintergrund bildete sich etwas, das man inzwischen – nach zwanzig Jahren mit einem gewissen Abstand – deutsche Nachkriegsliteratur nennen kann. [...]

■

Moral und Ästhetik erweisen sich als kongruent, untrennbar auch, ganz gleich, wie trotzig oder gelassen, wie milde oder wie wütend, mit welchem Stil, aus welcher Optik ein Autor sich an die Beschreibung oder bloße Schilderung des Humanen begeben mag: zerstörte Nachbarschaft, vergiftetes Gelände machen es ihm unmöglich, Vertrauen zu stiften oder Trost zu spenden; der einzige Trost, den meine Altersklasse anzubieten hat, ist der der Vorübergehenden, der Trost des Vergänglichen. Es ist zu viel vorgekommen, zu viel Leeres geredet, zu wenig getan worden in der Zeit, die uns ins verantwortliche Alter geführt hat. [...]

■ *Aus: Frankfurter Vorlesungen, 1964*

Der Tisch, an dem ich dies schreibe, ist 76,5 cm hoch, seine Platte 69,5 mal 111 cm groß. Er hat gedrechselte Beine, eine Schublade, er mag siebzig bis achtzig Jahre alt sein, er stammt aus dem Besitz einer Großtante meiner Frau, die ihn, nachdem ihr Mann in einem Irrenhaus verstorben war und sie in eine kleinere Wohnung zog, ihrem Bruder, dem Großvater meiner Frau, verkaufte. So kam er, ein verachtetes und ziemlich verächtliches Möbelstück ohne jeden Wert, nachdem der Großvater meiner Frau gestorben war, in unseren Besitz, stand irgendwo, niemand weiß genau wo, herum, bis er anläßlich eines Umzugs auftauchte und sich als bombengeschädigt erwies; irgendwann wurde die Platte während des zweiten Weltkriegs von einem Bombensplitter durchbohrt – es hätte schon nicht nur sentimentalen Wert, wäre ein Einstieg in eine politisch-sozialgeschichtlich mitteilungswerte Dimension, den Tisch als Einstiegs-Vehikel zu benutzen, wobei die tödliche Verachtung der Möbelpacker, die sich beinahe weigerten, ihn noch zu transportieren, wichtiger wäre als seine gegenwärtige Verwendung, die zufälliger ist als die Hartnäckigkeit, mit der wir ihn – und das nicht aus sentimentalen oder Erinnerungsgründen, sondern fast aus Prinzip – vor der Müllkippe

1971 *Wohnung im Haus Hülchrather Straße 7*

bewahrten, und man mag mir, da ich inzwischen einiges an diesem Tisch geschrieben habe, eine vorübergehende Anhänglichkeit gestatten; die Betonung liegt auf vorübergehend. Schweigen wir von den Gegenständen, die auf dem Tisch liegen, sie sind nebensächlich und austauschbar, auch zufällig, ausgenommen vielleicht die Schreibmaschine Marke Remington. Ausführung *Travel Writer de Luxe*, Baujahr 1957, an der ich ebenfalls hänge, an diesem meinem Produktionsmittel, das fürs Finanzamt längst uninteressant geworden ist, obwohl es doch erheblich zu dessen Einnahmen beigetragen hat und immer noch beiträgt. Ich habe auf diesem Instrument, das jeder Fachmann nur mit Verachtung anschauen oder anfassen würde, schätzungsweise vier Romane und einige hundert Items geschrieben, und nicht nur deshalb hänge ich daran, auch wiederum aus Prinzip, denn es tut's noch und beweist, wie gering die Investitionsmöglichkeiten und der Investitionsehrgeiz eines Schriftstellers sind. Ich erwähne Tisch und Schreibmaschine, um mir klar darüber zu werden, daß nicht einmal diese beiden notwendigen Utensilien mir ganz erklärlich sind, und würde ich versuchen, ihrer beider Herkunft mit der erforderlichen exakten Gerechtigkeit zu eruieren, ihren genauen materiellen, industriellen, sozialen Werdegang und ihre Herkunft, es würde ein fast endloses Kompendium britischer und westdeutscher Industrie- und Sozialgeschichte daraus. [...]

▎ *Aus: Versuch über die Vernunft der Poesie, 1973*

1970 *Heinrich Böll in der Wohnung Hülchrather Straße 7*

1970 Heinrich Böll in der Bibliothek der Wohnung Hülchrather Straße 7

ca. 1962 *Heinrich Böll auf einer Lesereise*

Wenn ich gefragt werde, wie oder warum ich dieses oder jenes geschrieben habe, gerate ich immer wieder in erhebliche Verlegenheit. Ich möchte gern nicht nur dem Fragenden, auch mir selbst eine erschöpfende Auskunft geben, kann es aber in keinem Fall. Ich kann den gesamten Zusammenhang nicht wiederherstellen und wünschte doch, ich könnte es, um wenigstens die Literatur, die ich selber mache, zu einem weniger mystischen Vorgang zu machen als das Brückenbauen und Brötchenbacken. Und da die Literatur nachweislich in ihrer Gesamtverkörperung, im Mitgeteilten und Geformten eine befreiende Wirkung haben kann, wäre es doch sehr nützlich, die Entstehung dieser Verkörperung mitzuteilen, auf daß noch mehr daran teilhaben. Was ist das, das ich selber, obwohl ich es nachweislich mache, nicht einmal annähernd erklären kann? Dieses Etwas, das ich von der ersten bis zur letzten Zeile eigenhändig zu Papier bringe, mehrfach variiere, bearbeite, partiell umakzentuiere, und das mir doch mit wachsendem zeitlichem Abstand fremd wird, wie etwas, das vorüber oder vorübergegangen ist und sich immer weiter von mir entfernt, während es für andere als geformte Mitteilung möglicherweise wichtig wird? Theoretisch müßte die totale Rekonstruktion des Vorgangs möglich sein, eine Art Parallelprotokoll, während der Arbeit erstellt, das, wäre es umfassend, wahrscheinlich den vielfachen Umfang der Arbeit selbst annehmen würde. Es müßte ja nicht nur den intellektuellen und spirituellen, auch den sinnlichen und materiellen Dimensionen gerecht werden. Ernährung, Stimmung, Stoffwechsel, Launen erklärt mitliefern, die Funktion der Umwelt nicht nur in deren Verkörperung als solche, auch als Kulisse. Ich schaue mir zum Beispiel manchmal in fast totaler Gedankenlosigkeit Sportreportagen an, um in dieser Gedankenlosigkeit Nachdenken zu üben, eine, wie ich zugebe, ziemlich mystische Übung, und doch müßten alle diese Reportagen mit ins Protokoll eingebracht werden, ungekürzt, denn es könnte ja sein, daß ein Kick oder ein Sprung irgendeinen Ausschlag in meiner gedankenlosen Nachdenklichkeit gibt, eine Handbewegung vielleicht, ein Lächeln, ein Reporterwort, eine Reklame. Es müßte das Telefongespräch, das Wetter, die Korrespondenz, jede einzelne Zigarette mit eingebracht werden, ein vorüberfahrendes Auto, ein Preßlufthammer, das Gackern eines Huhns, das einen Zusammenhang stört.
[...]

■ Aus: *Versuch über die Vernunft der Poesie, 1973*

1972 *Heinrich Böll auf einer Lesereise in Athen; dort erfuhr er, daß ihm der Nobelpreis verliehen worden war*

1972 *Stockholm: Buchausstellung anläßlich der Nobelpreisverleihung*

1979 *Eröffnung der Zentralbibliothek der Stadtbücherei Köln, Besuch der Musikbibliothek*

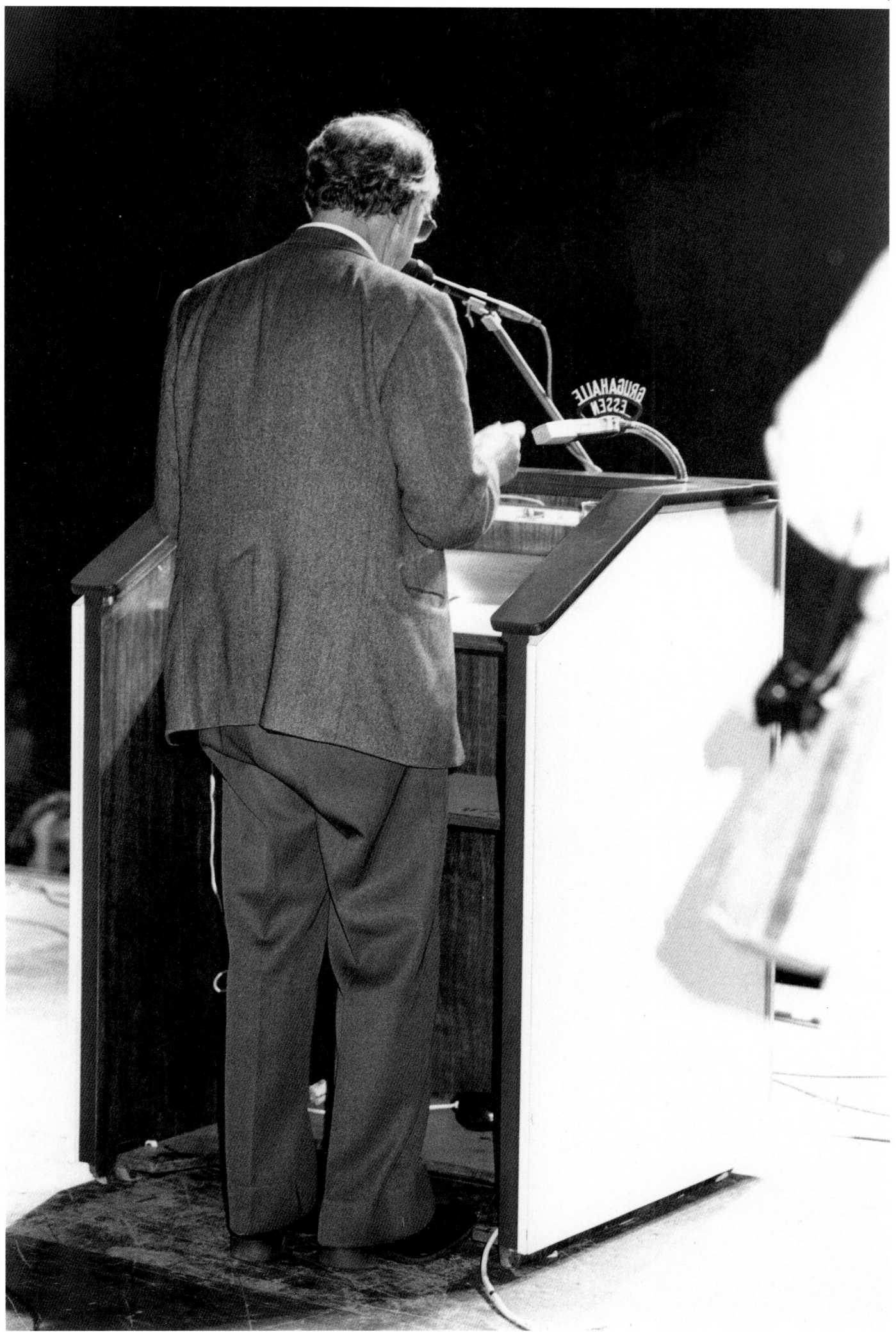

Paul Schallück: Jetzt etwas anderes. Hätten Sie keine Lust, zum Film zu gehen, ich meine natürlich als Autor? Es ist doch merkwürdig, daß es andernorts auch junge Autoren gibt, die Filme machen. Und in Deutschland – scheint mir – gelingt es kaum den arrivierten Schriftstellern. Liegt das nun an den Autoren, oder woran liegt das?

Heinrich Böll: Wenn mich jemand fragen würde, ob ich ein Drehbuch schreiben oder auch nur als Schriftsteller an einem Film mitarbeiten möchte, ich würde sofort zusagen, auf der Stelle. Der Film reizt mich sehr, weil ja der Film wie das Erzählerische vom Visuellen ausgeht. Aber das Verhängnisvolle ist: es kommt niemand der Filmleute ernsthaft zu uns, um uns zur Mitarbeit aufzufordern. Ich kann hier natürlich nicht in wenigen Sätzen das ganze Problem des deutschen Nachkriegsfilms aufrollen. Mir scheint nur, daß unser Film einem dummen Irrtum zum Opfer gefallen ist in den letzten Jahren. Die Produzenten, Regisseure, Drehbuchautoren, Schauspieler – oder wer immer dafür verantwortlich sein mag – haben ihrer finanziellen Notlage dadurch abzuhelfen versucht, daß sie Kompromisse machten, daß sie sich auf ein sehr tiefes Niveau begaben, um das Publikum an die Kassen zu locken. Es zeigt sich nun, daß sie das Publikum unterschätzt haben. Aber da die Maschinerie des Films, mit allem was an Reklame und finanziellen Sicherheiten dazugehört, nun einmal auf den von ihr selbst konstruierten Publikumsgeschmack eingestellt, eingerastet ist, dürfte es sehr schwer sein, davon wieder loszukommen. Und daß ein ernsthafter junger Schriftsteller sich nicht gern auf dieses Niveau begeben möchte, ist wohl klar.

1962 Mustervorführung des Films »Das Brot der frühen Jahre« für Heinrich Böll beim Westdeutschen Rundfunk in Köln

Das wissen die Filmleute, darum wagen sie es erst gar nicht, an uns heranzutreten, und anbieten können wir uns einfach technisch nicht. Dennoch wird ihnen auf die Dauer nichts anderes übrigbleiben, will der deutsche Film nicht überhaupt von der künstlerischen Bühne abtreten und ganz und gar – was natürlich auch mit zu seinen Aufgaben gehört – Publikumsunterhaltung sein. Ich stehe jedenfalls bereit, mich sofort mit dem Film zu beschäftigen, wenn man mich nicht unter die Diktatur des sogenannten Publikumsgeschmacks zwingen will. Das können Sie übrigens, ich glaube auch im Namen vieler meiner Kollegen, recht deutlich sagen und schreiben. Vielleicht liest es einer unserer Filmgewaltigen und denkt darüber nach.

▌ *Heinrich Böll im Interview mit Paul Schallück, 1953*

Verdirbt der Funk die Dichter?

Ich setze voraus, daß hier nicht moralische Verderbnis gemeint ist; die droht jedermann, nicht nur dem Dichter, überall. Ich nehme an, es ist »Substanzverlust« gemeint, Verwässerung der Poesie; mit gleichem Recht könnte man die Frage stellen: Verderben die Zeitungen die Verleger, verderben Film und Fernsehen den Dichter?

Ein Dichter, der sich verderben ließe, ist vielleicht nie einer gewesen; es ist gleichgültig, *wo* er publiziert, wenn er das *Wie* und *Was* rechtfertigen kann; kein Dichter wird sich mit der Institution identifizieren, die ihn publiziert: Verlag, Zeitung, Funkanstalt; erst recht nicht mit deren Lesern, Hörern und Sehern, aber mit dem, *was* er publiziert, muß er sich identifizieren. Der Funk ist ein Instrument, weiter nichts; daß er gleichzeitig Apparat ist, diese Eigenschaft teilt er mit allen anderen Publikationsinstrumenten; alle Apparate haben die Neigung, Talente zu verschleißen; da schreibt einer ein gutes Drehbuch, schon wird er gezwungen, drei schlechte zu schreiben; die Frage ist, ob er sich zwingen läßt.

Geschrieben wird immer gegen Widerstände, natürlicherweise zunächst gegen den Widerstand der Erfolglosigkeit; fällt dieser Widerstand aus,

1967 *Heinrich Böll in der Sendung »Im Dialog« mit Klaus Harpprecht*

könnte man der Täuschung verfallen, es sei keiner mehr da, aber er ist da, hat nur einen anderen Namen und heißt Erfolg. Immer noch herrscht die törichte Vorstellung, wahre Dichtung entstünde nur in unaufgeräumten Dachstuben, wo das Waschbecken vom Kaffeesatz verstopft ist, wo der Gerichtsvollzieher sich die Knöchel wundklopft.

Irrtum! Es wird in Dachstuben soviel Schlechtes geschrieben wie in Barockschlössern, in den Schreibabteilen der FT-Züge Schlechtes und Gutes; Dichtung ist nicht an den Ort gebunden, sondern an den, der sie schreibt, und die Muse küßt nicht nur: Sie will auch geküßt werden – in Dachstuben, Barockschlössern und in den Schreibabteilen der FT-Züge.

Der Gefahren gibt es viele: Der Funk kann eine sein, wenn man sein respektives Wohlwollen widerstandslos hinnimmt – aber gefährlich ist auch das widerstandslos hingenommene respektive Wohlwollen aller anderen Apparate; man kann beim Schreiben guter Bücher hungern und beim Schreiben schlechter, kann mit guten Geld verdienen und mit schlechten; die Zwickmühle bleibt offen. Wer sich durch Erfolg geadelt fühlt, unterliegt dem gleichen Irrtum wie der, der sich Mißerfolg wie einen Orden umhängt.

Der Verbrauch an Geschriebenem ist so gewaltig, daß auch Dichtung verbraucht wird, nicht nur vom Funk, der neben den Literaturzeitschriften die einzige Institution ist, wo das Experiment noch ein

Forum hat: Hörspiel, Hörbild, Lyrik. – Verdorben werden durch dieses Wohlwollen kann nur, wer vergißt, Widerstände einzuschalten, aber der könnte noch leichter durch Film, Illustrierte verdorben werden, gar mancher läßt sich so gern – und um einen geringen Preis – verderben; von den Brötchen sprechen immer nur die, die das Häuschen in Ascona meinen; wer sich um die Brötchen sorgen muß, dem sei viel verziehen; wenn er ein Dichter ist, wird er die Verzeihung nicht beanspruchen; denn er kann versucht werden, kann schon halb über dem Abgrund des Verderbens hängen: er wird sich zurückwerfen.

▮ *Aus: Verdirbt der Funk den Dichter?, 1959*

1977 *Heinrich Böll mit Romy Schneider, die in dem Film »Gruppenbild mit Dame« die Hauptrolle spielte*

1981 Heinrich Böll mit Volker Schlöndorff, Regisseur des Films »Die verlorene Ehre der Katharina Blum« (1975)

1975 Heinrich Böll mit Angela Winckler, Hauptdarstellerin im Film »Die verlorene Ehre der Katharina Blum«

1975 Heinrich Böll mit Helmut Griem, Hauptdarsteller in dem Film »Ansichten eines Clowns«

Heinrich Böll: Ja, die Rolle der Gruppe 47 ist umfangreich dokumentiert worden. Sie hat eine sehr wichtige Rolle gespielt, nachträglich denke ich manchmal, daß sie zu arrogant war, zu viele ausgeschlossen hat und zu viel gerichtet und hingerichtet hat. Im Anfang war es eine sehr gute Sache, weil es reine Arbeitstreffen waren, man las

1952 *Treffen der Gruppe 47: Heinrich Böll mit Günter Eich und Ilse Aichinger*

sich vor, man kritisierte sich gegenseitig und konnte einander ein bißchen helfen. Man kann zwar einem Schriftsteller sehr wenig helfen, aber er hatte ein Publikum, er hatte Kollegen, die ohne Bösartigkeit mit ihm über seine Arbeit sprachen. Das war eine sehr wichtige Funktion.

Die Schwierigkeit entstand in dem Augenblick, wo die Gruppe zu umfangreich wurde und zu sehr ein Markt. Es sprach sich allmählich rum, da treffen sich zweimal jedes Jahr Schriftsteller, die lesen sich ihre Sachen vor, und da kann man neue Autoren kennenlernen. Es kamen Verleger, Funk, Fernsehen usw., und sobald die Gruppe 47 zum Markt wurde, wo über das Schicksal eines Autors entschieden wurde, und zwar ad hoc durch Vorlesen, was ja kein legitimer Vorgang ist, Lesen und Vorlesen ist etwas ganz anderes, entstanden Schwierigkeiten. Ich bin dann

auch nicht mehr sehr oft hingefahren, weil mir die Prozedur zu grausam war. Wenn man schon über Literatur diskutiert, muß derjenige, der sie macht, mitdiskutieren können, und das war untersagt.

Man lernte also nicht nur Kollegen kennen, nicht nur im Sinne von Standesgenossen, sondern auch eine bestimmte politische Grundstimmung, die in der Gruppe 47 selbstverständlich war, von sehr konservativ bis sehr links, aber demokratisch. Das ist natürlich Richters Verdienst gewesen, nur er konnte das machen. Es wurde ständig improvisiert, es war nie organisiert, es herrschte eine bestimmte genialische Improvisation, die in dem Augenblick nicht mehr funktionierte und auch keine Funktion mehr hatte, wo der Marktcharakter so deutlich wurde.

Es ist eine andere Sache, ob ich in mehr oder weniger internem Kreis einen Kollegen kri-

tisiere und ihm sage, hör mal, ich würde das nicht so machen, mach das so, und es ist auch nicht so angelegt und schlecht, versuch was anderes, als wenn ein Verleger oder Verlagsspitzel dabei ist, für den eine solche Äußerung sofort zum Marktwert wird. Und da sind eben schlimme Dinge passiert, sind Autoren regelrecht hingerichtet worden, abgeschlachtet worden, und es bildete sich eine so arrogante Kritiker-Crew, die praktisch die ganzen Tagungen beherrschte, das war das Ende. Ich bin auch froh, daß Richter letzten Endes aufgegeben hat. Die Marktfunktion der Gruppe 47 war schlecht, aber ihre politische und gesellschaftliche war sehr gut. Das ist das Wichtige. Man hat Menschen kennengelernt, das war eine wichtige Funktion der Treffen, und Freundschaften bildeten sich, auch Feindschaften natürlich. [...]

▌ *Heinrich Böll im Interview mit René Wintzen, 1976*

1955 *Treffen der Gruppe 47, Empfang beim Sender Freies Berlin, Martin Walser, Ingeborg Bachmann und Heinrich Böll*

1955 Treffen der Gruppe 47 (von links nach rechts, sitzend) Heinrich Böll, Hans Werner Richter, Wolfgang Hildesheimer, Martin Walser, Milo Dor, (stehend) Ingeborg Bachmann, Ilse Aichinger, Christopher Holm und einem unbekannten Gast

Anläßlich der Gründung eines Gesamtverbandes Deutscher Schriftsteller möchte ich hier einige Überlegungen zur gesellschaftspolitischen Situation der Schriftsteller in der Bundesrepublik anstellen. Damit kein Mißverständnis aufkommt: es geht hier nicht um kulturelle Nuancierungen, nicht um die Fragen: Kunst, Antikunst, gibt es noch eine Literatur, gibt es keine mehr? Das gehört in die Feuilletons, in denen wir uns ja ausgiebig tummeln. Es geht nicht um unseren Anteil an Erstellung von Kunst, Poesie und möglichen Ewigkeitswerten. Es soll hier öffentlich Tacheles geredet und unser Anteil an den merkwürdigen Sozialprodukten betrachtet werden, die wir erstellen.

Hin und wieder mögen wir ganz kluge Leute sein, als Vertreter unserer Interessen in einer Gesellschaft, die von Interessenvertretern dirigiert wird, sind wir wie Schwachsinnige. Dieser Schwachsinn hat z. T. ehrenwerte Ursachen, etwa die, daß wir zu sehr mit unserer Arbeit, die eine öffentliche ist, beschäftigt sind, als daß uns finanzieller Kram sonderlich interessieren könnte, solange wir halbwegs zurechtkommen. Andere Ursachen mögen Bescheidenheit und Idealismus sein. Ich schlage vor, daß wir die Bescheidenheit und den Idealismus einmal für eine Weile an unsere Sozialpartner delegieren: an Verleger, Chefredakteure und Intendanten.

Es mag manchen von uns trösten, daß er möglicherweise Ewigkeitswerte schafft, dieser Trost sei ihm unbenommen, wenn er uns nicht hindert, uns hier und heute, gestützt auf diesen Gesamtverband, Gedanken darüber zu machen und einmal öffentlich darzulegen, wie wir unser Geld eigentlich verdienen. [...] ∎

1960 Heinrich Böll mit Ingeborg Bachmann (links) in Rom

1957 Heinrich Böll mit dem Freund Ada Kunz in Gelsenkirchen

1966 In Leningrad: von links: Andrei Fedorowitsch, Efim Etkind, Heinrich Böll, Lew Kopelew

Wie sieht das beim »Unternehmer« Schriftsteller aus? Da setzt sich also einer hin und schreibt einen Roman. Je nach Arbeitsweise braucht er dazu ein, zwei, drei Jahre. Nicht nur im Normalfall, in fast zehn von zehn Fällen, rechne ich die Prominenz ab, die die Lage verschleiert, macht er Schulden, mögen diese auch den hübschen Namen »Vorschuß« haben. Sein Risiko ist groß, auch sein Mut, er unternimmt

tatsächlich etwas, aber ist er im Sinn der kapitalistisch naturrechtlichen Definition ein Unternehmer? Seine Produktionsmittel sind in einem gerade lächerlich geringen Maße aufwendig: etwa 20 bis 40 DM für Papier, ein paar Farbbänder, Bleistifte, wahrscheinlich braucht er an Schreibmaterial weniger als ein Obersekundaner im gleichen Zeitraum; seine Schreibmaschine ist steuertechnisch längst tot, abgeschrieben,

Schrott. Was er wirklich braucht, um sein riskantes Unternehmen durchzuführen, ist Geld zum Leben, dazu macht er Schulden, nimmt Vorschüsse. Kann er das etwa später, wenn möglicherweise Honorare fällig werden, wie man so hübsch sagt, als Produktionskosten von der Steuer absetzen? Keineswegs. Nicht einmal ein Arbeitszimmer bekommt er ohne weiteres genehmigt, das kostet schon

Kämpfe, ist im Glücksfall Ermessensfrage. [...]

—

Sein Buch erscheint, kostet im Laden zwanzig Mark. Nehmen wir an, es wird, was man einen Achtungserfolg nennt, es werden innerhalb von ein bis zwei Jahren dreitausend Exemplare verkauft. Der Autor hat also einen nationalökonomisch meßbaren Endumsatz von sechzigtausend Mark erzielt,

1965 Im Ferienheim des Sowjetischen Schriftstellerverbandes in Dubulti bei Riga

1963 *Treffen mit dem russischen Schriftsteller Jewgenej A. Jewtuschenko in Köln*

indem er außer seinem Risiko – etwa zwischen zwanzig bis vierzig Mark an Produktionskosten investiert hat. Sein Honoraranteil beträgt sechstausend Mark, er hat sie normalerweise schon als Vorschuß in der Tasche gehabt, ausgegeben und voll versteuert – wie ein Unternehmer. Nehmen wir an, sein Buch wird ein mittlerer Erfolg; es werden zehntausend Exemplare verkauft; dann beträgt der vom Autor erzielte Endumsatz zweihunderttausend Mark; ganz abgesehen davon, daß er Lektoren, Kritiker, Packer, Buchhalter, Setzer und Drucker in Arbeit hält, also eine ganze hübsche Summe an Lohnsteuer mobilisiert – das nenne ich mir wahren Unternehmergeist: durch so geringe Investierung 200 000 DM in irgendwelche Kassen klingeln lassen. In seine eigene klingeln 20 000 DM – eine scheinbar hübsche Summe, aber rechnen Sie davon die Steuern ab, bedenken Sie die Tatsache, daß einer nicht nur nicht am laufenden Band Romane produzieren, daß er keinesfalls am laufenden Band mittlere Erfolge produzieren kann; daß Vorschüsse zu Buche stehen, neue schon – dann wird dieses scheinbar recht hübsche Sümmchen, das in etwa dem Jahresgehalt eines Studienrats entspricht, schon merklich geringer, ganz rasch schwindet es, wenn Sie es auf zwei, drei

Jahre umrechnen. Nun nehmen wir aber noch den Ausnahme-, den Sensationsfall: Es werden 100 000 Exemplare verkauft, der erzielte Endumsatz, der in irgendwelche – zu einem erheblichen Teil in die Kassen des Finanzamts – klingelt, beträgt zwei Millionen DM. Wenn das kein Unternehmergeist ist: auf einer steuertechnisch schon gestorbenen Schreibmaschine, auf Schrott also – erzielt einer einen Umsatz von zwei Millionen. Sein, des Autors Anteil, beträgt 200 000 DM, und in diesem Augenblick glaubt er und mit ihm das Publikum, er habe sein Glück gemacht. Irrtum. Sie erinnern sich vielleicht noch daran, wie erstaunt der Autor Konrad Adenauer war, als ihm klar wurde, wieviel Steuern er von seinem Autorenhonorar bezahlen mußte.

Als Unternehmer unterliegt der Autor der progressiven Einkommensteuer, und da er erst nach zwei, drei Jahren seinen Bescheid bekommt, was weder seine Schuld noch die des Finanzbeamten ist, sondern Schuld einer Administration, die ständig ihre Leistungsfähigkeit überschätzt – kann ihn ein solcher Erfolg, von dem er glaubt, er wäre sein Glück gewesen, ruinieren, weil plötzlich unerbittlich Summen fällig werden, die er gar nicht mehr besitzt. Auf diese Weise wird der Unternehmer-Schrift-

steller von einer Gesellschaft bestraft, die ständig den Unternehmergeist lobt. [...]

■

Wir verdanken diesem Staat nichts, er verdankt uns eine Menge; mag er also darauf gefaßt sein, daß er uns nicht länger auf dem Umweg über einen Pseudo-Geniekult oder auch nur auf dem Umweg über einen Pseudo-Individualitätskult zerspalten und zersplittert halten und einzeln abfertigen kann. Ich fordere alle Kollegen, auch die der Emigration, auf, darüber nachzudenken, ob die alte, bürgerliche Alternative Solidarität oder Individualismus, die aus der Zeit des oben zitierten Kochbuchs stammt, noch gültig ist; niemand wird uns zwingen können, auch nur die kleinste literarische Nuance aufzugeben, uns in den Feuilletons nicht weiter zu befehden und gleichzeitig gesellschaftspolitisch solidarisch zu sein. In dem Augenblick erst, in dem wir einsehen, daß diese alten Klischees nicht nur nicht mehr stimmen, sondern nie gestimmt haben, in diesem Augenblick sind wir auch politisch vorhanden.

Die Konfrontation unserer Situation mit der zurechtfrisierten Rechtsauffassung der Gesellschaft hat mir eine Analyse dieser Gesellschaft erspart. Mit dem Naturrecht, das ich für

überfällig halte, habe ich gegen eine Rechtsauffassung argumentiert, in der es noch gilt. Auf die gleiche Weise möchte ich mit einem kryptofeudalistischen Begriff operieren, dem der Prominenz. Auch darüber ausgiebig zu meditieren erspare ich mir, ich meine nur, daß einsam verstaubender Lorbeer, daß ein Name wenig nützt, wenn dieser Schall und dieser Rauch nicht, bevor sie vergehen, einem Zweck dienstbar gemacht werden. Mögen also die namhaften Kollegen diesem Verband ihren Schall und ihren Rauch leihen, damit er energisch ins politische Dasein treten kann.

■ *Aus: Ende der Bescheidenheit, 1969*

1972 Heinrich Böll mit Heinz Kamnitzer auf dem Dorotheenstädtischen Friedhof in Ost-Berlin bei dem Besuch der Gräber von Brecht, Waigel, Eisler, Dessau und Hegel

1972 Arthur Miller und Heinrich Böll beim Spaziergang am Rhein

1968 Heinrich Böll, Theodor W. Adorno und Siegfried Unseld bei der Protestkundgebung gegen die geplante Notstandsgesetzgebung im großen Sendesaal des Hessischen Rundfunks

1984 *Tagung des Schriftstellerverbandes in Saarbrücken (links neben Heinrich Böll) Günter Grass, Hans Christoph Buch und Jürgen Fuchs*

1982 *Heinrich Böll mit Lew Kopelew in Wien*

Die Galerie der Fotografen

Es gibt große Augenblicke der Fotografie. Wenn die Kamera dem geschichtlichen Augenblick begegnet, zur Stelle ist, wenn im einzelnen Schicksal das allgemeine zum Bild werden kann, ohne das einzelne Schicksal im Vorgang des Fotografierens zu verletzen. Wo die Kamera zudringlich wird, ihr Instrument, das Objektiv, zum Instrument des Subjekts, des Fotografen wird, der darauf aus ist, den Menschen zu ertappen, zu denunzieren, zu entlarven, überschreitet die Fotografie ihre ästhetische und gleichzeitig ihre moralische Grenze. Wer am Schlüsselloch lauert, entdeckt natürlich den Menschen in seiner Gebrechlichkeit. Die Verwechslung von Tabu und Geheimnis ist längst selbstverständlich geworden. Im Tabu verbirgt sich Magie, im Geheimnis nicht. Religion, Liebe, Schlaf sind nicht magisch, sondern geheimnisvoll, wie das Alltägliche geheimnisvoll ist: wie Menschen miteinander essen, sich kleiden, ihr Brot verdienen. Familie, Beruf, Freundschaft. Diesen Geheimnissen kann sich die Fotografie nur nähern, wenn im einzelnen Schicksal, ohne daß es verletzt wird, das Allgemeine sichtbar gemacht werden kann. Es gehört nicht viel dazu, private Geheimnisse zu erfahren und sie preiszugeben. Gewiß würde es weder großen technischen Verstand noch viel Geschicklichkeit erfordern, in einen Beichtstuhl ein Mikrofon einzubauen, an der Mitteilung von Geheimnissen teilzunehmen, diese möglicherweise über irgendeinen Sender hinauszuschicken. Wird derart Erfahrenes oder Erlauschtes dem hochwohllöblichen Publikum dargeboten, beweisen Film-, Fotokamera und Tonband, daß sie verräterisch sind, Denunziation ihr Ziel ist. Es geht ja nicht um Wahrheit, nicht einmal um »Objektivität«, sondern um die hämische Teilnahme an des Menschen Gebrechlichkeit. Moral der Fotografie? Das scheint lächerlich, wo das »Objektiv« am Werk ist. Die große Täuschung der Fotografie liegt in der Vor-Täuschung »objektiver Wirklichkeit«. Es entscheidet ja nicht das Objektiv, sondern das Auge des Fotografen, außerdem dessen Auswahl, Chemikalien, Vergrößerung, Verkleinerung, Papiersorten. Die »Wirklichkeit« hat also einige Veränderungsprozesse hinter sich. Vielleicht waren die Fotografien in den Alben unserer Väter und Großväter ehrlicher: die erkennbare Kulisse, die Künstlichkeit der Pose, der Komposition, des Arrangements war humaner als der Schnappschuß. Im Wort Schnappschuß sind zwei Gewaltverben, schießen und zuschnappen, vereint. Wenn technisch perfektes Fotografieren in jedermanns Hand gegeben ist, ist Orwells Großer Bruder ja fast allgegenwärtig. Überall Augen: künstliche, magische Augen, die Ölheizungen und Garagentore, Produktion und Passage kontrollieren. Täglich werden Fotos um Fotos gemacht und verschlungen, bewegte, unbewegte, ein großer Ausverkauf, der auf Kosten des menschlichen Auges geht, in einem doppelten Sinn, auf Kosten seiner Fähigkeit zu sehen und seiner Humanität. Als Erinnerungsstück ins Album geklebt, mag's in einigen Jahren Rührung hervorrufen, festgehaltene Augenblicke: Geburt, Hochzeit, Tod. Es gibt Augenblicke, in denen auf einer Fotografie der Sinn einer Landschaft, ihr Atem spürbar wird, ein Porträtierter »erkannt« wird oder der geschichtliche Augenblick vors Objektiv kommt: ein Kind in Uniform, Frauen, die auf dem Schlachtfeld nach ihren Toten suchen, wo Weinen mehr als privat, das Weinen der Menschheit ist. Da werden nicht Geheimnisse verraten, das Geheimnisvolle der menschlichen Existenz wird sichtbar. [...] Die humane Kamera wird entdecken, daß die Menschen nicht überall gleich, sondern überall Menschen sind, deren Menschwerdung gerade erst begonnen hat. [...]

■ *Die humane Kamera, 1964*

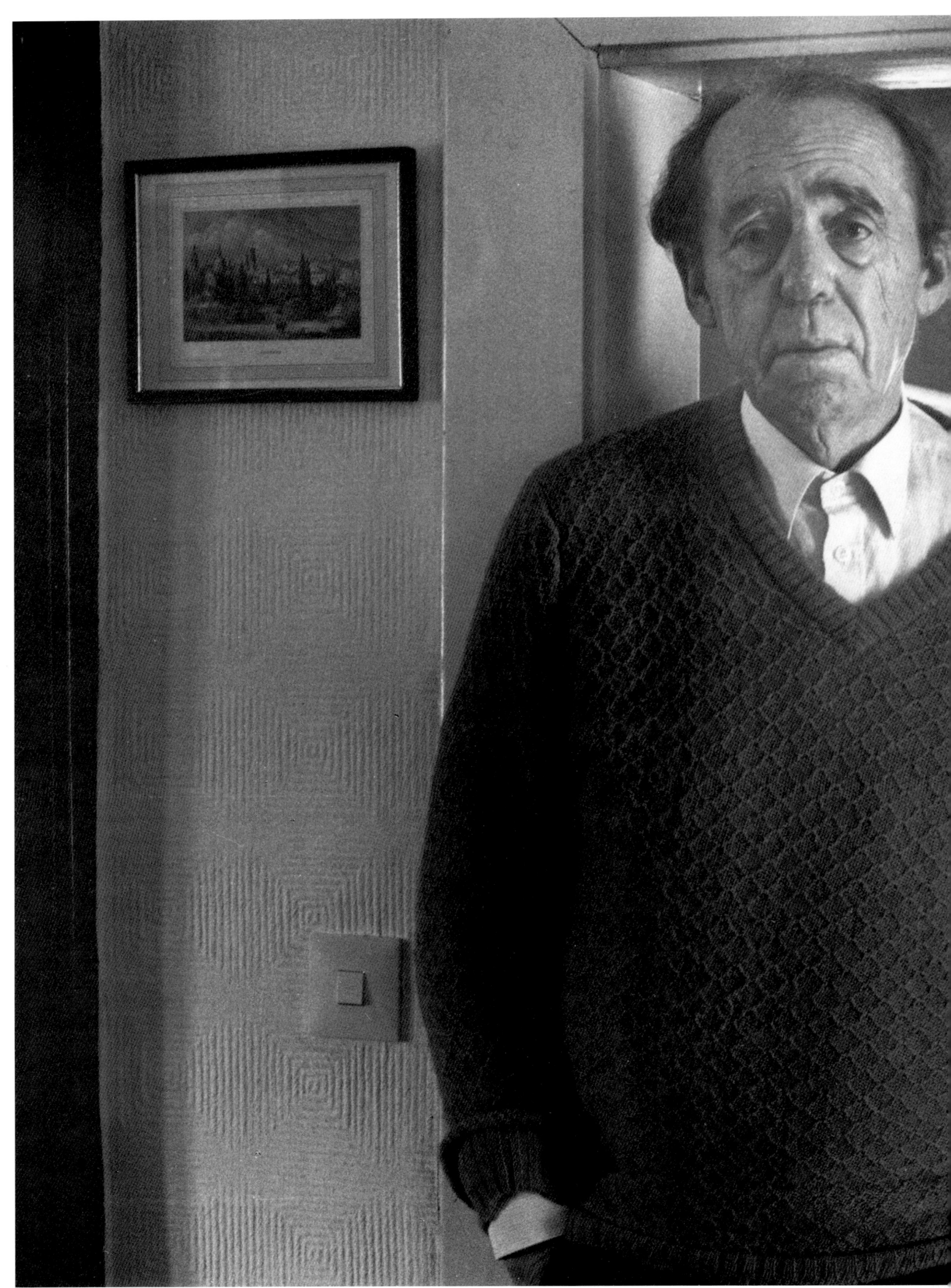

DAS ENDE DER BESCHEIDENHEIT

Herr Präsident, meine Damen und Herren,

wenn ich Sie bitte oder gar auffordere, hin und wieder ins Grundgesetz hineinzuschauen, dann sollten Sie das – bitte! – nicht als Zumutung empfinden. Unterm Arm tragen läßt sich dieses schmale Heft übrigens nicht: Es rutscht einem weg, so klein ist es (ich hab's ausprobiert!, wirklich!), es paßt in jede Tasche, auch in Damenhandtaschen nimmt es kaum mehr Platz ein als ein volles Scheck-, ein kleines Gebetbuch oder ein Make-up-Etui; leichtes Gepäck und doch schwerwiegend, entscheidend für viele von uns, auch für Ausländer und Asylbewerber, die unter uns leben.

Dieses kleine Heft, das Grundgesetz, ist nicht nur leserlich, es ist sogar verständlich, es stehen vielversprechende Sätze darin. Ich finde, es wäre nicht zuviel verlangt, jeden Abgeordneten zu verpflichten, mindestens einmal wöchentlich – möglichst laut vor sich hin – das Grundgesetz zu lesen; es sollte doch Ihrer aller Stundenbuch, Ihr Brevier sein, es könnten auch gemeinsame Lesungen abgehalten werden, Vorlesen vor der versammelten Fraktion, mit anschließender Meditation, Diskussion, Interpretation.

Wirklich, das Grundgesetz regt die Phantasie an, und es sind besonders die lapidaren Formulierungen, die – läßt man sie in sich hineinsinken – wahre Explosionen hervorrufen können. Zum Beispiel: Die *Würde des Menschen ist unantastbar* (Artikel 1). Berufen Sie nicht gleich einen Anthropologenkongreß ein, gründen Sie auch nicht eine anthropologische Untersuchungskommission. Lassen Sie einfach das Wort *Mensch* in sich hineinsinken. Es bedarf keiner tieferen anthropologischen Erkenntnisse, um festzustellen, daß zum Beispiel Türken auch Menschen sind, sogar Chinesen, Malaien, Indios und Afghanen; die Tatsache, daß alle Menschen Menschen sind, wird Ihnen ohnehin jeder Anthropologe bestätigen. Es bedarf dann keiner besonders tiefgreifenden Meditation, um herauszufinden, sozusagen auf dem Grund Ihrer Seele auf die Erkenntnis zu stoßen, daß sogar Kommunisten Menschen sind, ganz gleich, ob sie berechtigter- oder unberechtigterweise so bezeichnet werden. [...]

■

Und der anfangs zitierte Satz aus dem Grundgesetz, sozusagen der Grundsatz unserer Republik, lautet *nicht*: Die Würde des deutschen Menschen oder die Würde des untadeligen Menschen ist unantastbar. Achten Sie darauf, und vielleicht schauen Sie sich daraufhin einmal an, wie würdig, menschenwürdig Asylanten, Terroristen, Ausländer untergebracht und behandelt werden.

Bedenkenswert ist auch der Zustand einer immer größer werdenden Gruppe deutscher Menschen, die sich verrückterweise – als wär's ihre Schuld! – unwürdig oder würdelos vorkommen: die Arbeitslosen und ihre Familien. Machen Sie ihnen klar, daß es nicht menschenunwürdig ist, ohne Arbeit zu sein. Es ist schwer, es ist hart – menschenunwürdig ist es nicht, schuldhaft schon gar nicht. Da wäre nun wirklich eine Art staatlicher Seelsorge erforderlich, und Ihr Wort, Herr Bundeskanzler: »Wir lieben das Leben und die Lebensfreude und lassen sie uns auch trotz aller Probleme nicht vergällen«, könnte bei diesen Menschen verheerend wirken. Für Arbeitslose, Ausländer, Asylbewerber, Inhaftierte ist es eben manchmal schwer, durch bloßes Aufdrehen der Lebensfreude ihre Würde zu wahren. [...]

■ *Aus: Die ungehaltene Rede vor dem Deutschen Bundestag, 1985*

Herr Ministerpräsident, liebe Frau Palme, meine Damen und Herren, anläßlich eines Besuchs in der Bundesrepublik Deutschland hat Seine Majestät, der König von Schweden, einen gelehrten Blick in die Schichten der Vergänglichkeit getan, aus der wir kommen und auf der wir wohnen. Jungfräulich oder gar unschuldig ist dieser Boden nicht und nie ist er zur Ruhe gekommen. Das begehrte Land am Rhein, von Begehrlichen bewohnt, hat zahlreiche Herrscher gehabt, entsprechend viele Kriege gesehen. Koloniale, nationale, regionale, lokale, konfessionelle, Weltkriege. Pogrome hat es gesehen, Vertreibung und immer kamen Vertriebene anderswoher und wurden andere anderswohin vertrieben. Und daß man dort deutsch sprach, war zu selbstverständlich, als daß man's nach innen oder außen hätte demonstrieren müssen. Das taten andere, denen das weiche d nicht genügte, die nach einem harten t begehrten. Teutsche.

Gewalt, Zerstörung, Schmerz, Mißverständnisse liegen auf dem Weg, den einer daherkommt, aus den Schichten vergangener Vergänglichkeit in eine vergängliche Gegenwart. Und es schufen Scherben, Geröll und Trümmer, schufen Ost- und Westverschiebungen nicht, was nach so viel, viel zuviel Geschichte zu erwarten gewesen wäre: Gelassenheit; wohl, weil man uns nie ließ; den einen zu westlich, den anderen nicht westlich genug; den einen zu weltlich, den anderen nicht weltlich genug. Immer noch herrscht Mißtrauen unter den Demonstrativ-Teutschen, als wäre die Kombination westlich und deutsch doch nur eine Täuschung der inzwischen unheilig gewordenen Nation. Wo doch gewiß sein müßte: Wenn dieses Land je so etwas wie ein Herz gehabt haben sollte, lag's da, wo der Rhein fließt. Es war ein weiter Weg in die Bundesrepublik Deutschland.

Als Junge hörte auch ich in der Schule den sportlichen Spruch, daß der Krieg der Vater aller Dinge sei; gleichzeitig hörte ich in Schule und Kirche, daß die Friedfertigen, die Sanftmütigen, die Gewaltlosen also, das Land der Verheißung besitzen würden. Bis an sein Lebensende wohl wird einer den mörderischen Widerspruch nicht los, der den einen den Himmel *und* die Erde, den anderen nur den Himmel verheißt, und das in einer Landschaft, in der auch Kirche Herrschaft begehrte, erlangte und ausübte, bis auf den heutigen Tag.

Der Weg hierhin war ein weiter Weg für mich, der ich wie viele Millionen aus dem Krieg heimkehrte und nicht viel mehr besaß als die Hände in der Tasche, unterschieden von den anderen nur durch die Leidenschaft, schreiben und wieder schreiben zu wollen. Das Schreiben hat mich hierhergebracht. Gestatten Sie mir,

1972 *Übertragung der Nobelpreisverleihung im Fernsehen am 10. 12. 1972*

die Tatsache, daß ich hier stehe, für nicht so ganz wahr zu halten, wenn ich zurückblicke auf den jungen Mann, der da nach langer Vertreibung und langem Umhergetriebensein in eine vertriebene Heimat zurückkehrte; nicht nur dem Tod, auch der Todessehnsucht entronnen; befreit, überlebend; Frieden – ich bin 1917 geboren – nur ein Wort, weder Gegenstand der Erinnerung noch Zustand; Republik kein Fremdwort, nur zerbrochene Erinnerung. Ich müßte hier sehr vielen danken, ausländischen Autoren, die zu Befreiern wurden, das Befremdende und das Fremde aus der Eingeschlossenheit befreiten, das sich selbst um seiner Materialität willen in die Eigenheit zurückverwies. Der Rest war Eroberung der Sprache in dieser Zurückverweisung an das Material, an diese Hand voll Staub, die vor der Tür zu liegen schien und doch so schwer zu greifen und zu begreifen war. Danken möchte ich auch für viel Ermutigung durch deutsche Freunde und deutsche Kritiker, danken auch für viele Versuche der Entmutigung, denn manches geschieht ohne Krieg, nichts aber, so scheint mir, ohne Widerstand.

Diese siebenundzwanzig Jahre waren ein langer Marsch, nicht nur für den Autor, auch für den Staatsbürger, durch einen dichten Wald von Zeigefingern, die aus der vertrackten Dimension der Eigentlichkeit stammten, innerhalb derer verlorene Kriege zu eigentlich gewonnenen werden. Gar mancher Zeigefinger war scharf geladen und hatte seinen Druckpunkt an und in sich selbst.

Mit Bangen denke ich an meine deutschen Vorgänger hier, die innerhalb dieser verfluchten Dimension Eigentlichkeit keine Deutschen mehr sein sollten. Nelly Sachs, von Selma Lagerlöf gerettet, nur knapp dem Tod entronnen. Thomas Mann, vertrieben und ausgebürgert. Hermann Hesse, aus der Eigentlichkeit ausgewandert, schon lange kein deutscher Staatsbürger mehr, als er hier geehrt wurde. Fünf Jahre vor meiner Geburt, vor sechzig Jahren, stand hier der letzte deutsche Preisträger für Literatur, der in Deutschland starb, Gerhart Hauptmann. Er hatte seine letzten Lebensjahre in einer Version Deutschland verlebt, in die er wohl trotz einiger Mißverständlichkeiten nicht hineingehörte. Ich bin weder ein Eigentlicher noch eigentlich keiner, ich bin ein Deutscher, mein einzig gültiger Ausweis, den mir niemand auszustellen oder zu verlängern braucht, ist die Sprache, in der ich schreibe. Als solcher, als Deutscher, freue ich mich über die große Ehre. Ich danke der Schwedischen Akademie und dem Land Schweden für diese Ehre, die wohl nicht nur mir gilt, auch der Sprache, in der ich mich ausdrücke, und dem Land, dessen Bürger ich bin.

▌ *Rede zur Verleihung des Nobelpreises am 10.12.1972 in Stockholm*

Verleihung der Ehrenbürgerwürde der Stadt Köln an Heinrich Böll im Rathaus

Es gab – als diese Ehrung im Rat beraten wurde – ein paar Kontroversen und Mißverständnisse, die ich nicht umgehen, sondern ansprechen möchte. Und zwar nicht, um hier Retourkutschen zu befrachten und zu bemannen, sondern um auf eine generelle Verkennung der Literatur zu kommen, denn ich möchte die Damen und Herren, die da gar nicht – oder nur zögernd – dieser Ehrung zugestimmt haben, nicht anklagen, eher verteidigen. Ich glaube, sie erlagen einem Bildungsmißverständnis, das nicht nur uns Deutschen eigen ist, bei uns aber besonders tief verwurzelt: die interpretationsbedingte Trennung, die man mit Autoren vornimmt, die man nicht ganz lassen kann, die man auseinandernehmen, einordnen, unterteilen muß.

Was ich nicht begriffen habe, was mich deshalb natür-

lich auch nicht kränken konnte, war der Versuch, den sogenannten Erzähler von dem anderen zu trennen, der da gelegentlich Aufsätze schreibt, Kritiken, den man gelegentlich reden hört, ganz abgesehen davon, daß auch Aufsätze, Kritiken und Reden Literatur sind.

Wenn sie schön ärgerlich sind, ist es gerade das Literarische an ihnen, sagen wir meinetwegen das Poetische daran, das Gefährliche, eben weil es aus der routinepolitischen Sprache sich abhebt und eingeht. Davon abgesehen, finde ich, wenn ich in mich gehe, den sogenannten Erzähler, wenn man schon von Ärger und Gefahren spricht, gefährlicher und ärgerlicher als den anderen. Deshalb habe ich diese Trennung nicht verstanden. Das herauszufinden, überlasse ich den Germanisten. Ich finde eine leicht dahinfließende, fast mozarteske Kurzgeschichte – wie manche von Hemingway –,

die mit dem Nihil oder dem Nada und dem Nichts spielt, es vor sich hintreibt, es hüpfen und springen läßt, mir könnte sie gefährlicher werden als manches politische Pamphlet.

Ich kann die Gefahren solcher Mißverständnisse hier nicht erschöpfend darstellen, ich kann sie nur andeuten und zu bedenken geben, als Warnung vor Irrtümern, auch bei der Lektüre von Klassikern übrigens. Diese Mißverständnisse sind uralt, sie sitzen tief, und es gibt sehr wenig Fälle, wo Menschen groß genug waren, souverän genug waren, in ihrer eigenen Ideologie und Weltanschauung energisch zu verharren und doch über die Grenze zu springen, Kunst oder Literatur anzuerkennen, die nicht in diese Ideologie passen. Mir fallen da nur drei ein, Walter Benjamin, Rosa Luxemburg und auch – Gott sei mir gnädig, wenn ich den Namen nenne – Lenin, der nach der Revolution

eine Liste für russische Autoren aufstellte, deren Denkmäler nicht angetastet werden sollten, und unter diesen war auch der Reaktionär Dostojewski. Ganz abgesehen von dem berühmten Grafen Tolstoi, von dem Lenin gesagt hat, daß – bevor es ihn gab – der russische Bauer in der russischen Literatur nicht vorhanden war.

Und wenn man bedenkt, wie hierzulande mit Heinrich Heine und Ossietzky umgegangen wird, könnte man in diesem Fall vielleicht Lenin als Beispiel nehmen.

Wir wissen fast nichts, kaum etwas jedenfalls über diejenigen, die man in der Literatur die Leser nennt, wir beschränken uns darauf, was Wissenschaftler und Kritiker sich zusammenreimen. Ich kann hier nicht die gewaltige Forschungsarbeit vorlegen, die noch geleistet werden muß,

das zu erforschen, ich kann nur darauf hinweisen, daß sie noch geleistet werden muß.

Bildungsbedingte Mißverständnisse liegen also vor, lagen vor. Und bevor ich die obenerwähnten Damen und Herren weiterhin sowohl verteidige wie warne, und die Warnung gilt natürlich auch denen, die der Ehrung voll zugestimmt haben, möchte ich betonen, wie sehr ich mich über diese Ehrung freue. Vor allem, sowohl Herr Burger wie auch Carl Amery haben darauf schon angespielt, in dankbarer Erinnerung an die Feier, die die Stadt Köln mir zu meinem 60. Geburtstag ausgerichtet hat, das war im Jahre 1977, dem Hetz-Hatz-Hysterie-Jahr der deutschen Nachkriegsgeschichte, es war nach diesem berühmten deutschen Herbst, der ja ausführlich dokumentiert ist, da war das gar nicht so selbstverständlich.

Es kam aus dem Bürgersinn,

der an Köln wie manches andere so zu schätzen ist, einem Bürgersinn, den wir noch brauchen werden, wenn wir gewisse Rattenfängertöne aufmerksam hören. Wenn mir damals der Herr Bundespräsident einen Orden angeboten hätte, ich fürchte, ich hätte ihn angenommen, im Jahre 1977 – nicht nur für mich als Person, sondern stellvertretend für viele, viele tausend junge Leute, ältere Leute, denen völlig grundlos die Bude auf den Kopf gestellt wurde. Im Jahre 1977 – damals hätte ich es mir überlegt. Als er mir dann angeboten wurde, als Dekoration für einen scheidenden Präsidenten, fand ich das nicht mehr so angebracht. Und deshalb erinnere ich besonders an die Ehrung der Stadt Köln im Jahre 1977 und freue mich über diese weitere Ehrung – die höchste, die die Stadt zu vergeben hat. [...]

▬

Noch ein paar Worte zum Genius loci, dem ich zwar ausreichend gehuldigt zu haben glaube, nicht nur heute. Ich stamme aus dieser Stadt. Vieles an ihr ist mir selbstverständlich, manches fremd, immer fremd geblieben, einiges fremd geworden. Aber diese Fremdheit würde ich als Stuttgarter oder Tuttlinger genauso empfinden, denn ich bin ziemlich sicher, wir gehören nicht ganz hierher, auf diese Erde, meine ich. Unsere Heimat ist auch anderswo. Was mich an dieser Stadt, in ihr wohl geprägt hat, war etwas, das ich sehr schwer definieren kann, etwas Architektonisches: das Frühe, das die romanische Architektur ausstrahlt, die Romanik eben, in der ja auch eine Utopie, ein Traum zu verwirklichen versucht worden ist, den wir Christentum zu nennen übereingekommen sind, und wie der Name Romanik ja sagt, auch etwas Römisches. Nicht den kalten Angeberpomp der

Peterskirche, der ja eigentlich einen nur in Erkältung treibt, sondern eine tiefe Innigkeit, die auch in Rom zu Hause und noch zu finden ist. Was ich außerdem liebe, ist etwas Zerbrechliches, die römischen Gläser, und ich danke Ihnen noch einmal besonders herzlich für die Replik eines römischen Glases, die die Stadt mir zum Geburtstag geschenkt hat. Und natürlich den Rhein, den ich einmal eine »schmutzige Majestät« genannt habe.

Bevor ich nun wirklich Schluß mache, noch ein Hinweis. Sie ehren hier eine Rarität, damit meine ich nicht den berüchtigt-berühmten Zeitgenossen, diesen Vogel, der da wieder mal eine Feder angesteckt bekommt, der aus dieser Stadt stammt, ich meine die statistische Einheit, die ich ja auch darstelle. Nach dem Zensus vom 31. 12. 1980 gab es noch 139 000 überlebende männliche Exemplare meines

Jahrgangs und 215 000 weibliche. In dieser Differenz drückt sich deutsche Geschichte aus. Und wenn ich an 1945 zurückdenke, gab es mehr als doppelt so viele 75jährige wie 28jährige, und das hat natürlich die Republik geprägt, lieber Christian. Wenn ich die Statistik studiere, stelle ich fest, daß es erst mehr Überlebende als die meines Jahrgangs gibt, wenn die 80jährigen anfangen.

Und nun zum wirklich wahren Schluß eine kleine Hommage an den lokalen Sprachgenius Kölns, an die fast schon zahlreichen kölschen Musikgruppen, die, so scheint mir, dies etwas allzu sehr in kölsche Gemütlichkeit versunkene Kölsch wieder zum Leben erweckt und fast zu einer Weltsprache gemacht haben. Auch ich möchte, um diesem Sprachgenius zu huldigen, einen Vers aussprechen, in dem sich auch Schuld und Unschuld eines Autors ausdrücken: »Ich han dem Mädche nix jedonn, ich han et bloß ens kräje.«

■ *Aus: Ich han dem Mädche nix jedonn, ich han et bloß ens kräje, Dankrede zur Verleihung der Ehrenbürgerwürde der Stadt Köln am 29. 4. 1983*

1983 *Bei der Verleihung der Ehrenbürgerwürde: Heinrich Böll mit Willy Millowitsch, im Hintergrund Bruder Alfred Böll mit seiner Ehefrau Cläre*

SPIEGEL: Herr Böll, warum ist Solschenizyn zu Ihnen gekommen?

HEINRICH BÖLL: Ich kann das nur vermuten. Ich bin der einzige in der Bundesrepublik lebende Autor, den er wirklich persönlich kannte. Wir haben uns bei unseren beiden Begegnungen in Moskau auf den ersten Blick so gut verstanden, daß wir wohl Freunde geworden sind.

S.: Als Solschenizyn in Moskau arretiert worden war, haben Sie auch als Präsident des internationalen PEN dagegen scharf protestiert. Ist hier ein Grund dafür zu suchen, daß er als erstes zu Ihnen kam? Und hängt das Vorgehen der sowjetischen Behörden irgendwie mit diesem Protest zusammen?

H. B.: Ich glaube nicht. Ich weiß gar nicht, ob er von dem Protest erfahren hat. Ich halte das auch für sekundär. Ich kann nicht glauben, daß er das erfahren hat. Er war ja die ganze Nacht inhaftiert und ist sofort aus dem Gefängnis gegen 12 oder 1 Uhr mittags zum Flugzeug gebracht worden. Er hat diese Information bestimmt nicht gehabt. Und ich glaube nicht, daß ein Telegramm des PEN-Clubs diese Wirkung hat. Es tut mir leid, daß ich diese Wirkung selber niedrigschätze. Ich vermute, daß dieser Entschluß, ihn regelrecht zu vertreiben, ich nenne das so, erst im letzten Augenblick gefaßt worden ist.

S.: Im Zusammenhang mit Solschenizyn ist natürlich die Frage aufgetaucht: Wasser auf falsche Mühlen. Mit der Frage haben Sie sich ja auch sehr viel auseinandersetzen müssen.

H. B.: Sie wissen, daß der Fall Solschenizyn eigentlich seit fast zehn Jahren läuft, daß er sich immer mehr verschärft, dramatisiert hat, und immer schon in dieser Atmosphäre fand die Auseinandersetzung in der Sowjet-Union statt gegen ihn und für ihn – lange bevor die Entspannungspolitik überhaupt angefangen hat. Ich halte es für schlecht, diese beiden Dinge zu kombinieren. Ich glaube, das ist das Problem der inneren Entspannung der Sowjetunion. Daß ein solcher Fall die Entspannungspolitik stört oder möglicherweise einen kleinen Rückschritt bedeutet, ist mir auch klar. Denn einfach unpolitisch ist ein solches Vorgehen nicht. Aber ich sehe keinen kausalen Zusammenhang.

S.: Was denken Sie über die Zukunft Ihres Freundes Solschenizyn? Ist er nicht auf die unmittelbare Konfrontation und Gemeinsamkeit mit seiner Heimat, mit der Sowjet-Union, angewiesen?

H.B.: Das ist sehr schwer zu sagen. Wahrscheinlich wird er, wenn jetzt der Trubel vorüber ist, der unvermeidlich und auch verständlich ist, wenn seine Familie hier ist und er hat sich irgendwo seßhaft gemacht, wird er die Bitterkeit der Emigration spüren. Für einen Schriftsteller, auch wenn er total oppositionell ist zum jeweiligen politischen System, ist das Exil das Schlimmste. Wir wissen es doch von unseren Emigranten. Selbst die überzeugtesten Kommunisten und Liberalen, die scheinbar an ihrer Heimat und dem, was man seinerzeit Vaterland nannte, nicht hingen, sind vor Heimweh zugrunde gegangen und haben Selbstmord begangen.

Ich sehe diese Alternative nicht, weil Solschenizyn als gestandener Autor herauskommt, der seiner Sprache sicher ist, seiner russischen Sprache. Für viele jüngere Autoren, die aus Polen emigriert sind, aus der Sowjet-Union und seinerzeit aus Deutschland, war es schlim-

mer, weil sie ihre eigene Sprache noch nicht mitnehmen konnten.

Ich sehe nicht seine Arbeit als Schriftsteller gefährdet, aber er wird sehr, sehr unter Heimweh leiden.

S.: In der Tatsache, daß die Bundesregierung ihr Einverständnis zur Aufnahme Solschenizyns der Sowjet-Union zu verstehen gegeben hat, wird auf eine Brandt-Rede hingewiesen, der sagte, daß Solschenizyn in der Bundesrepublik frei und ungehindert arbeiten könne. In dieser Tatsache haben manche Kommentare eine Komplicenschaft zwischen der Bundesregierung und den sowjetischen Organen konstruiert.

H.B.: Ich habe das auch gelesen, und ich halte das für das Perverseste, was ich seit zwei, drei Jahren gehört habe. Wir haben ja hier einiges an ziemlich merkwürdigen Denunziationen und Auseinandersetzungen erlebt. Vergessen wir sie, unsere innenpolitischen Streitigkeiten. Diese Interpretation ist einfach pervers. Ich kann es nicht anders nennen. Inzwischen hat ja die Schweiz die »Komplicenschaft« übernommen. Und viele Länder haben ähnliches angeboten.

S.: Es gibt die Meinung, Solschenizyns Verhalten habe der Sowjet-Union nur zwei Möglichkeiten offengelassen: entweder ihn zu verhaften oder ihn auszubürgern?

H.B.: Es hätte noch eine dritte Möglichkeit gegeben, ihn dort zu lassen und nach einiger Zeit, nicht gerade jetzt vielleicht, wo die Polemik so heftig läuft, seine Werke zu publizieren. Nicht sofort den ARCHIPEL GULAG als erstes, sondern ihn vorzustellen mit seinen Werken in der Reihenfolge, in der sie entstanden sind ...

Man muß doch wissen, daß die Romane von ihm doch

eigentlich politisch nicht viel mehr mitteilen, als Chruschtschow schon mitgeteilt hat in seiner berühmten Rede. Sie hätten also in der Sowjet-Union erscheinen können.

S.: Nun ist aber im Zusammenhang mit dem ARCHIPEL GULAG sicher nicht ganz falsch zu sagen, daß Solschenizyn den Leninismus und die Grundlagen der Sowjet-Union angreift.

H.B.: Ja, natürlich. Er stellt bestimmte historische Entwicklungen, die bisher als tabu galten, in Frage. Und ich finde, jeder Autor hat das Recht dazu, es hat auch jeder das Recht, diese Darstellung zu kritisieren oder sich polemisch mit ihr auseinanderzusetzen.

Aber, in einem Land, wo es überhaupt keine öffentlichen Auseinandersetzungen gibt, eigentlich nur öffentliches Lob oder öffentliche Diffamierung, herrscht ja von vornherein Unverhältnismäßigkeit der Mittel. Und er hat ja begründet, warum er den »ARCHIPEL GULAG« publiziert hat: Ich publiziere dieses Werk, weil es in die Hand des Staatssicherheitsdienstes gefallen ist und die Personen, die dort genannt werden, etwas über 200, leben noch, und ich möchte sie schützen, indem ich sie im Westen bekanntmache. Ich finde das legitim.

S.: Welchen Eindruck haben Sie während der zwei Tage von Solschenizyn gewonnen?

H.B.: Ich war schon, als ich ihn in Moskau zum erstenmal sah, unter sehr schwierigen Umständen, einmal in seiner Wohnung und ein andermal an einem, na, konspirativen Ort, erstaunt über die Präsenz, die Wachheit und den Humor, den er hat. Und er rechnet wirklich damit, daß er eines Tages in die Sowjet-Union zurück kann.

Es ist einfach eine Humordimension – ich sage bewußt nicht humoristische Dimension – in seinem ganzen Wesen. Er ist ein, es gibt kein Wort dafür, optimistisch ist zu dumm – zuversichtlicher Mensch, voller Hoffnung und Kraft. Und das teilt sich mit. Das haben wir damals schon in Moskau zu unserem Erstaunen festgestellt.

S.: Hat sich das geändert?

H.B.: Nein, er ist keineswegs deprimiert und auch nicht andeutungsweise melancholisch, was ja sein Recht wäre, sondern er strahlt diese Zuversicht und Kraft aus, und die hat er auch hier gezeigt während der beiden Tage.

S.: Besteht ein möglicher Zusammenhang zwischen seiner Zurückgezogenheit und der Tatsache, daß die Familie noch in Moskau ist?

H.B.: Nein, ich glaube das ist so: Daß seine Familie erst kommen will oder kann, sobald er einen festen und endgültigen Wohnsitz hat. Und das nicht von seiten der sowjetischen Behörden. Die würden sie sofort rauslassen. Sie müssen sich vorstellen, da kommt seine Frau, seine Schwiegermutter, es kommt noch eine Tante, es kommen drei kleine Kinder – er möchte nicht die Familie in irgendeinem improvisierten Zustand hier haben, wo er natürlich im Lichte der Öffentlichkeit steht. Sobald das geklärt ist, wo er sich endgültig niederlassen wird, in diesem Haus, in dieser Wohnung, in dem oder jenem Lande lebe ich, wird die Familie sofort kommen.

▮ Aus: »Er wird sehr, sehr unter Heimweh leiden«
SPIEGEL v. 18.2.1974

Kein Land, kein Staat dieser Erde hat so schöne Dichter-Museen wie die Sowjetunion: die beiden Tolstoi-Museen in Jasnaja Poljana und Moskau, Tschechow-Häuser in Jalta und Moskau, das Puschkin-Museum in Leningrad, zwei Dostojewskij-Museen; sie alle sind gut aufgebaut, gut geführt, viel besucht.

Mobiliar, Zeitstimmung, Manuskripte, reliquienartige Details – ich erinnere mich an Dostojewskijs Zigarettenetui, Tolstois berühmten Samowar, an Schreibgeräte, Schreibtische und die für Westeuropäer überraschende Improvisation der Schlafgelegenheiten. Ich erinnere mich auch der unergründlichen, merkwürdig düsteren Stimmung im Gorki-Museum.

Der Besuch dieser und anderer Museen hat mir eine Selbstverständlichkeit wieder nahegebracht, die hinter dem Eisernen Vorhang verlorenzugehen droht: hier ist Europa, wird europäischer Geist und europäische Tradition erhalten, mit einer Innigkeit, fast Inbrunst gepflegt, die uns Westeuropäern manchmal zu weit zu gehen scheint; schnöde, verwöhnt, übersättigt auch, neigen wir dazu, das alles, wenn nicht zu mißachten, so doch geringzuschätzen: diese hingebungsvolle Akribie, hinter der oft genug andere Absichten spürbar sind als die offiziellen.

Irgendwann wird es natürlich ein Scholochow-Museum geben (falls es nicht schon vorhanden ist), ein Simonow-Museum, wenn die Zeit ihre Zeitlichkeit offenbart; ein Bulgakow-Museum. Feiern werden stattfinden, Gedenkreden gehalten und Vorträge, Filme gezeigt und Lichtbilder. Ein Pasternak-Museum gibt es noch nicht, doch sein Haus in Peredelkino und sein Grab sind schon Gedenk- und Pilgerstätten, wie die Stätten der Achmatowa, Majakowski, Jessenin, Mandelstam, Babel – Reichtum, Vielfalt, Gegensätze, Unterschiede – sie alle gehören zu Europa, das sich immer mehr als *West*-Europa versteht.

1974 *Alexander Solschenizyn im Westen*

Ich bin sicher, daß auch Alexander Solschenizyns, der heute sechzig wird, in der Sowjetunion gedacht wird. Er ist der jüngste dieser großen Galerie von »Umstrittenen«, der einzige, der als Sowjetbürger geboren ist. Werden die Feiern zu seinem Geburtstag nur geheime, heimliche sein? Werden da vor seiner letzten Wohnung in der Gorkistraße, von der aus die Vertreibung betrieben wurde, Blumen liegen? Werden Polizisten die möglichen Gedenkstätten bewachen? Rostropowitschs Datscha, das Tschukowski-Haus, die Wohnung in Rjasan, das Geburtshaus in Kislowodsk? Werden vor den Toren des Jefortowo-Gefängnisses aus einem vorüberfahrenden Auto Blumen abgeworfen werden?

Schwer vorzustellen, daß man in der Sowjetunion diesen Tag übersieht, unwahrscheinlich, daß man den Tag der Ausweisung (den 13. Februar 1974) je vergessen wird. In *Eiche und Kalb* verzeichnet Solschenizyn die Prognosen über das »Was werden sie tun«, die er Neujahr 1973 auf-

stellte, nachdem der *Archipel GULAG* heraus war und die letzte, härteste Konfrontation fällig wurde: Nun exakt in das Koordinatensystem seiner Einsichten und Erfahrungen eingeordnete Möglichkeiten, bei denen er »Ausweisung« nur als »möglich« notierte.

Sein Geburtstag wäre ein Anlaß, *Eiche und Kalb* zu lesen oder noch einmal zu lesen: es ist das Buch eines großen Autors, an dem man zu leicht übersieht, daß er Mathematiker ist, ein Mathematiker höherer Art; ein Planer auch, der höchst komplizierte Vorgänge *formuliert*, in diese Formeln auch Unberechenbares aufnimmt, Wahrscheinlichkeit, Unwahrscheinlichkeit; ein Planer, der gegen den »großen Plan« auftritt, bevor dieser erkennbar wird.

Es ist ein spannendes Buch, so umfangreich wie notwendig, es enthält den Roman der sowjetischen Zensur, ihrer Winkelzüge und Verwicklungen, enthält nicht nur Autobiographisches, sondern auch die Darstellung der hohen planerischen Intelligenz eines einzelnen, der, wenn auch isoliert, die Medien, die westlichen, in die Berechnungen seines Plans, in die Auflösung seiner Formel

einbezieht; enthält auch das Kerbholz der Schäbigkeiten des sowjetischen Schriftstellerverbandes, das inzwischen reichlich weitere Kerben aufzeigt.

Kaum auszumachen, und wird wohl nie ganz auszumachen sein, was durch die Ausweisung angerichtet wurde. Und was von ihm durch sein Werk bewirkt wurde. Da mag's Ärgernisse geben, sogar Ärger-

liches, nicht nur bei seinen Feinden, unvermeidliche Mißbräuche und Mißverständnisse, willkommene und unwillkommene Wirkungen und Auswirkungen – wer wird das je ausmessen? Das »Sie wissen nicht, was sie tun« gilt für viele, nicht nur für die, die ihn auswiesen.

Alexander Solschenizyn hat eine Wende, eine Weltwende

bewirkt, die bis in alle Winkel und Ecken hinein sichtbar wird. Er hat nicht nur das System entlarvt, das ihn vertrieb, auch dort, wohin er vertrieben wurde, hat er einige entlarvt, die ihn allzu eifrig für sich »reklamierten«. Ist ein Autor wie er überhaupt reklamierbar? Im Kerbholz der Zeit – nicht nur der Geistes- und Kulturgeschichte – wird er bleiben, in seinem Werk, das

untrennbar ist von seiner Person.

Ich möchte auf eine seiner Eigenschaften hinweisen, die so selbstverständlich wie bisher fast unbemerkt geblieben ist: Er ist Europäer, Osteuropäer – Anlaß genug, bei der gegenwärtigen Europa-Geschäftigkeit über die Definition Europas und des Europäischen nachzudenken. Ob es an seinem achtzigsten Geburtstag am 11. Dezember 1998 oder an seinem hundertsten am 11. Dezember 2018 ein Museum für ihn geben wird, in Kislowodsk, Rjasan oder Moskau?

Ich erlaube mir, auf diesem Weg einen Glückwunsch nach Vermont zu schicken, an ihn, seine Frau Alja, die Kinder und die Schwiegermutter.

■ *Gruß an Solschenizyn, 1978*

NOTSTANDSNOTIZEN

Die Blut-und-Boden-Ideologie des Nazismus hat in ihrer Nichtigkeit verspätete Wirkungen erzielt; nach 1945 wagte kaum jemand, etwa die Erde als Wert zu erkennen, gar zu preisen. In einem oberflächlichen Reflex auf die Nazi-Ideologie, der man so glühend angehangen hatte, wurde alles verhöhnt, was auch nur andeutungsweise auf den Wert Erde verwies, und doch wußten und wissen wir, daß Kultur mit der Bebauung der Erde angefangen hat. Das »macht euch die Erde untertan« bedeutet ja nicht: zerstört und verhöhnt eure Erde.

Inzwischen stehen, wie mir scheint, zwei Werte gegeneinander: Erde und Wachstum. Hinter dem schönen, aus dem Bereich des Organischen entliehenen Begriff Wachstum steht eine unerbittliche Ideologie, die mit Wert materiellen Wert meint (siehe den Begriff: Wertpapiere). Was wächst da, was wächst da heran? Wachstum, das klingt nach Baum, nach Mensch, nach Tier und Pflanze. Was wächst da alles in Lateinamerika: kostbare Hölzer, Tabak, Kaffee, Kakao, Kautschuk, Baumwolle,

Zuckerrohr, Bananen – was liegt und lag da alles in der Erde Lateinamerikas: Gold, Silber, Kupfer, Zinn, Blei, Eisen, Erdöl, Salpeter, und vor seinen Westküsten ist das Guano »gewachsen«, einer der reichsten Kontinente, der immer ärmer wird. In seinem Buch *Die offenen Adern Lateinamerikas* gibt Eduardo Galeano eine detaillierte Bilanz der Werte, die wir nach Lateinamerika gebracht haben – und die Werte (Wertpapiere), die herausgeholt worden sind. Offene Adern eines Kontinents, das bedeutet: er blutet aus.

Welche Wirtschaftschirurgen werden die Klammern und Tupfer erfinden, um das Verbluten zu stoppen? Welchen Profit hat die freie Marktwirtschaft denen zu bieten, auf deren Kosten sie betrieben wird? Wem gehört die Erde, wem gehören die Meere, wessen sind die Gewinne? Das »Metanoite« gehört zu unseren beliebtesten Bildungssprüchen. Wer muß hier umdenken? Natürlich nicht nur die Unternehmer, auch die organisierte und nicht organisierte Arbeitnehmerschaft. Nun gehen sie gemeinsam daran, dieses winzige Stück Erde, das Bundesrepublik Deutschland heißt, ich drücke es kraß aus, »auf den Strich zu schicken«, als wäre die Erde nur zum »Anschaffen« da. Kurz gesagt: in Brokdorf werden und in Wyhl wurden Werte verteidigt, und es soll sich doch keiner auf Kommunisten herausreden, die ja außerdem auch ein Recht auf ihre Erde haben.

Dieses Umdenken gilt keineswegs allein der ohnehin verachteten »Moral«, es gilt auch der Schönheit: man kann soviel Industrie-Design-Ästhetik investieren, wie man will und aufbringen kann: die Erde wird nicht schöner durch Atom- und andere Kraftwerke. Es gibt Werte genug, sie liegen auf der Straße, werden zertrampelt, nicht von Demonstranten. Schon ist jene Ader, die man Rhein nennt, vergiftet. Wird man eines Tages von den vergifteten Adern der Bundesrepublik und Westeuropas sprechen? Die Blindheit *rein* profitorientierter Ideologen ist aktenkundig. Die Politiker aller Parteien haben das Thema Atomkraft umgangen, sie haben die Hintertür gewählt. Die Werte Erde, Luft, Wasser werden mißachtet. Vielleicht wird man eines Tages auch von vergifteten Arbeitsplätzen sprechen. Es gibt solche schon.

■ *Brokdorf und Wyhl, 1976*

Wenn mir einmal vier oder
fünf Monate Zeit (mit der
dazugehörigen Ruhe) in den
Schoß fallen, würde ich gerne
einen längeren biographischen
Essay über Willy Brandt
schreiben. Nicht indiskret,
doch neugierig würde ich gern
auf meine Weise erforschen:
Lübeck um 1913, Straße,
Milieu, in denen Willy Brandt
aufwuchs, die Schulen, die er
besuchte und absolvierte; ich
möchte herauszufinden versuchen, was es bedeutet haben
kann und muß, in einer so respektablen norddeutschen
Stadt im Jahr 1913 das gewesen zu sein, was man eine un-
eheliche Mutter zu nennen
beliebte. Welche Verletztheit
und Verletzlichkeit da vor-
und mitgegeben wird von jener
Ehrbarkeit bürgerlicher Pro-
venienz, die spätestens seit den
Buddenbrooks in ihrer verlogе-
nen Brüchigkeit beschrieben
wurde. Und wie erstaunlich
wenig haben sich Willy Brandts
Verletztheit und Verletzlichkeit je in Aggression geäußert.
Offenbar verletzt der Verletz-
liche nicht gern, und das macht
ihn den sporenklirrenden, gelegentlich die Peitsche schwin-
genden Herren von der Herren-
partei so verdächtig.

In Willy Brandts Lebens-
lauf liegt Stoff für eine Legende, fast für ein Märchen, das
wahr wurde. Nicht der legitime
Aggressionskatholik aus München wurde Bundeskanzler,
sondern der illegitime Herbert
Frahm aus Lübeck, der diesen
von der bürgerlichen Gesellschaft mitgegebenen Urmakel,
diese Idioten-Erbsünde auch
noch verstärkte, indem er
Sozialist und außerdem noch

1980 *Heinrich Böll und Willy Brandt im*
Ollenhauerhaus, Bonn

Emigrant wurde. Und er wurde Bundeskanzler nicht mit legalistischen Tricks, sondern legal. [...]

—

Es gibt in der CDU/CSU keine auch nur annähernd mit Willy Brandt vergleichbare Figur oder Person. Nicht einmal auf dem witzigsten und ausgelassensten Herrenabend käme irgendeiner auf die Idee, etwa Hans Katzer als möglichen Bundeskanzler zu erwägen, und – was noch schlimmer ist, auch er selbst käme wohl in seiner allzu großen Bescheidenheit nicht auf die Idee. Er ist doch Vertreter der Arbeitnehmerschaft, und die machen doch *nur* schätzungsweise neunzig bis fünfundneunzig Prozent des Demos oder der Plebs aus. Ein »Mann aus dem Volk« kann nie Herr übers Volk werden.

Willy Brandt müßte unbestritten der Kandidat des Demos sein, nach dem man die Demokratie benennt.

Willy Brandt steht am Anfang einer kurvenreichen Strecke, die noch lange nicht genommen ist: Die Untertanen des ehemaligen Herrenvolks sind sich noch nicht klar darüber, ob sie wieder Herren haben und sein möchten oder ob sie sich selbst, dem Volk, nicht wenigstens ein wenig Herrschaft zutrauen können. Noch ist die neue Zeit, die Willy Brandt repräsentiert, nicht gekommen; das liegt an ihm, am Volk, an dessen Herren. [...]

▮ *Aus: Über Willy Brandt, 1972*

1972 Außerordentlicher Parteitag der SPD: Heinrich Böll
im Gespräch mit Rut Brandt

1968 *Einmarsch sowjetischer Truppen in Prag*

Am 20. August abends kam ich auf Einladung des tschechoslowakischen Schriftstellerverbandes in Prag an. Auf der telegrafischen Einladung hatte u. a. gestanden: »Unser Bestreben ist, daß Sie sich an Ort und Stelle über den würdigen Verlauf unseres Erneuerungsprozesses überzeugen und nach Rückkehr die Öffentlichkeit Ihres Landes unterrichten.« Rückwärts betrachtet wirkt nun der Text dieser Einladung wie mörderische Ironie. Ich hatte die Einladung ohne Zögern angenommen, weil ich im tschechoslowakischen Modell eines demokratischen Sozialismus eine große Hoffnung für den Westen und für den Osten sah; von dort, von Prag und Bratislava aus, hätte sich nach Osten und Westen verbreiten können, was bis zum Januar 1968 als Utopie galt: sozialistische Freiheit.

Worüber ich nun die »Öffentlichkeit meines Landes unterrichten« kann: schon in der ersten Nacht weckte uns das Dröhnen schwerer Flugzeuge, die sehr niedrig flogen. Um sieben Uhr früh kam ein Freund ins Hotel, klopfte an unsere Tür und rief von draußen: Wir sind besetzt. Kurz darauf hörten wir die ersten Schüsse auf dem Wenzelsplatz, wir gingen sofort hin, sahen die sowjetischen Panzer – eine Demonstration absurder Dummheit – und unzählige Menschen, Jugendliche und Erwachsene. Mich erregte am meisten, wie leidenschaftlich die Menschen versuchten, mit den sowjetischen Soldaten zu diskutieren, ihnen und sich diesen unglaublichen Vorgang zu erklären. Ein einziger Schuß von seiten der Bevölkerung hätte wahrscheinlich die

Katastrophe ausgelöst, aber dieser eine Schuß fiel nicht. Es war *sichtbar*, daß wir Zeugen eines historischen Ereignisses waren, dessen Folgen noch nicht auszudenken sind. Sichtbar war auch, daß hier der von Moskau zentral gelenkte Sozialismus seinen moralischen Bankrott erklärte und daß es sich um eine unverhohlene Unterdrückung einer ganzen Nation handelte. Das Modell einer Hoffnung, die hier acht Monate lang verwirklicht worden war, wurde zerstört. In Prag und Bratislava war bewiesen worden, daß ein strenges doktrinäres System von innen heraus, aus der regierenden Partei heraus, unterstützt von Schriftstellern, Künstlern und Intellektuellen, die die *Einsicht* der Funktionäre stärkten und förderten, ohne Gewalt reformierbar war. Da auch wir in erstarrten Systemen leben, kann, was in diesen acht Monaten

1968 *Heinrich Böll mit Sohn René auf dem Wenzelsplatz*

1968 Sowjetische Panzer auf dem Wenzelsplatz

verwirklicht wurde, für uns ein Vorbild bleiben. Zunächst haben auf beiden Seiten die Reaktionäre gesiegt, und so manche westliche Träne ist eine Krokodilsträne. Der Prager Totentanz und der blutige Wahlkarneval in Chicago bedingen einander, sie stützten einander, und es wird für die tschechoslowakische Nation wie für uns die Zeit kommen, wo wir uns vor falschen Freunden hüten müssen. Die beiden Blöcke werden nach *Einheit* und Einigkeit innerhalb der Blöcke schreien, während sie sich doch untereinander *einig* sind über das, was in der Tschechoslowakei und in Vietnam geschieht. Die jungen Menschen, die in Chicago gegen den Krieg in Vietnam protestiert haben und zusammengeschlagen worden sind, haben gleichzeitig *für* die Tschechoslowakei demonstriert. Die Tschechoslowakei hat bewiesen, daß Freiheit

nicht in eine westliche und östliche geteilt werden muß, ihre Freiheit ist unsere, wie die Freiheit der amerikanischen Demonstranten und Kriegsgegner. Ich habe während der fünf Tage in Prag die absolute Solidarität der tschechoslowakischen Nation erlebt. Ich kann nur hoffen, daß diese Solidarität den Menschen helfen wird, das fürchterliche Faktum der Okkupation zu überstehen und zu überwinden.

▌ *Ein Brief aus Prag, 1968*

1976 Pressekonferenz mit Heinrich Böll und
Günter Wallraff nach der Ausbürgerung
Wolf Biermanns

Die Geschichte des deutschen Exils hat eine neue, keine freundlichere Variante bekommen. Wolf Biermann wird aus einem deutschen Staat ausgebürgert, in dem er gern weitergelebt hätte. Aus einem Staat, den viele andere so gern verlassen würden. Ausgerechnet er, der immer wieder gegen das Verlassen dieses Staates gesungen und gesprochen, jeden, der diesen Staat verließ, betrauert und beklagt hat. Wolf Biermann wurde nicht etwa ausgewiesen, nicht an die Grenze bestellt. Man hat ihm nicht, sobald er aus der DDR ausgereist war, mit Genehmigung und dem Versprechen, wieder einreisen zu dür-

fen, die Ausbürgerung mitgeteilt. Man hat nach seinem ersten Auftritt noch zwei Tage gewartet, um die »Gekränktheit« so einigermaßen plausibel zu machen. Dabei hat Wolf Biermann sich in Köln loyaler zur DDR verhalten als je zuvor. Man kannte seine Lieder, seine Gesinnung. Daß er kritische Solidarität mit Reiner Kunze übte, die Unterscheidung zwischen Freund und Genossen vornahm, kann nicht der Grund sein – hat man wirklich erwartet, er würde sich von Kunze distanzieren? Hatte man wirklich erwartet, er würde in Köln neue »konfliktfreie« Lieder singen?

Für Wolf Biermann ist der Schrecken ein mehrfacher:

nicht nur heimatlos im geographischen Sinn. Ostberlin war seine freiwillig gewählte Heimat, in der er fast 25 Jahre lebte. Fremdling zwar dort – wie überall – im Hölderlinschen Sinn, kommt er nun in eine Welt, die ihm nicht nur im Hölderlinschen Sinn fremd sein und bleiben muß, nun ist er hinausgeworfen auf den Markt, der schon so manchen freiwilligen wie unfreiwilligen Emigranten oder Exilierten verschlissen hat. Für viele Bewohner sozialistischer Staaten ist diese Marktwelt eine Traumwelt. Für Wolf Biermann ist sie ein Alptraum.

Ich bin mir der Absurdität bewußt, die darin liegt, daß ich mitten auf dem Markt vor der

Vermarktung Biermanns und Biermann vor der Vermarktung warne. Wohin gehört ein Sänger denn anders als auf den Markt, und wer hat ihm bisher diesen Markt verweigert, den die kapitalistische Welt ihm nun bietet? Bei seinem Auftritt in Köln fiel ihm schon auf, daß er »hier« und »dort« unvermeidlicherweise verwechselte – das war noch vor der Ausbürgerung, und diese Hier- und Dort-Korrekturen hatten noch eine ironische Dimension, die ihnen etwas Spielerisches gab. Nun wird er »hier« leben müssen, obwohl er »dort« hingehört. Und dieses »hier« und »dort« wird ihm auf eine nicht mehr ironische Weise zu schaffen machen.

Und immer mehr DDR-Bürger werden ihn nicht nur vermissen wie jemanden, der verreist ist, aber wiederkommen wird, sie werden immer mehr spüren, daß er dorthin, zu ihnen gehört. In Wolf Biermanns Liedern wird – ich wage das zu prophezeien – ein Motiv auftauchen, dem so manche Ohren nicht »trauen« werden: Heimweh nach der DDR. Dieses Heimweh gilt nicht nur denen, die er liebt und die dort leben, nicht nur der Stadt und dem Land, wo er lebte, auch dem sozialistischen Gebilde DDR. Dieses Heimweh wird Spott und Hohn hervorrufen, hier wie dort.

Zweifel, ob Politiker immer wissen, was sie anrichten, werden durch die Ausbürgerung Biermanns verstärkt. Das haben sie wahrscheinlich weder gewollt noch geahnt. Sie ahnten nicht, was noch kommen kann. Weder bei ost- noch bei westeuropäischen Kommunisten ist die DDR sehr beliebt. Ihre Beliebtheit wird sicher nicht wachsen. Nicht einmal die Regierung der Sowjetunion wird sehr glücklich sein über dieses Aufsehen, das die Ausbürgerung eines Poeten verursacht. Vielleicht werden sogar bei Mitgliedern der DKP Zweifel aufkommen. Die Zweifel, ob Poesie und politische Poesie etwas ausrichten, dürften durch Wolf Biermann beseitigt sein.

■ *Hier muß er leben, dort gehört er hin. Über Wolf Biermanns Situation nach der Ausbürgerung, 1976*

1981 *Friedensdemonstration im Hofgarten Bonn*

Der Begriff Widerstand und seine Interpretation je nach politischer und geschichtlicher Situation ist in Gefahr, zwischen der Zurückführung allein auf den 20. Juli 1944 und der verfassungsrechtlichen Beschränkung auf den Absatz 4 im Artikel 20 des Grundgesetzes zerrieben zu werden. *Widerstand als existentieller Begriff* ist älter als der 20. Juli und sollte vielleicht nicht als mögliches Recht, eher als Pflicht definiert werden. Da

kein Staat *gewaltsamen* Widerstand als Recht definieren kann – und das kann auch die Bundesrepublik Deutschland nicht, so großzügig-liberal ihre Verfassung auch ist –, da kein Staat also das Gewaltprivileg aus der Hand geben kann, weil er sich damit verloren gäbe, kann hier nur vom gewaltlosen Widerstand gesprochen werden; nur diese Art Widerstand kann in Artikel 20 des Grundgesetzes gemeint sein.

Schwierig wird es, wenn herausgefunden werden muß, wo dieser gewaltlose Widerstand Gesetze verletzt, wo er nur ordnungswidrig ist, wo der, der ihn ausübt, bewußt oder unbewußt Vorschriften verletzt, und schwierig ist es auch, die Wirkung jener Gesetze einzuschätzen, die so schwer zu definieren sind: der *ungeschriebenen* Gesetze, die uns manchmal mehr zu schaffen machen als die geschriebenen. Es geht um alles das, was »man nicht tut«: »man« geht doch nicht auf die Straße, verbrüdert sich doch nicht mit der Masse, setzt sich doch nicht gar *auf* die Straße, blockiert Zu- und Ausfahrten. Ich gestehe, daß ich ein erhebliches, ein tiefsitzendes Trauma zu überwinden hatte, als ich zum ersten Mal auf die Straße ging und an einer Massendemonstration teilnahm.

Ich war fast noch ein Kind, als ich den Straßenterror der Nazis in Köln erlebte: da marschierten grölende Kolonnen, sangen blutrünstige

Lieder, zwangen einen, die Hand hochzuheben, prügelten die Passanten, die den Hitler-Gruß verweigerten, übten Straßenvertreibung, *besetzten* die Straßen, in den sie jeden Augenblick auftreten und Schrecken verbreiten konnten. Ich habe dieses Trauma überwunden, von Mal zu Mal mehr, noch immer nicht ganz, obwohl ich inzwischen weiß, auch erfahren habe, daß ein anderes, ein neues Deutschland in der Bundesrepublik auf die Straße geht; die paar professionellen Randalierer, diese Gruppen mobiler Provokateure stören mich nicht, weil ich mich in der *friedlichen* Masse vor ihnen geschützt weiß.

Nun ist Demonstration ja noch nicht Widerstand, ist die Straße als Medium politischer Willensäußerung längst wieder rehabilitiert in historischer Würdigung der Arbeiter- und der Frauenbewegung, die von der Straße aus – außerparlamentarisch – in die Parlamente hineingewirkt, Gesetzesänderungen bewirkt haben.

1981 *Bundeswehrsoldaten im Hofgarten*

Demonstration ist außerparlamentarische Opposition, und diese gehört zum Parlamentarismus – so wenig es den etablierten Parteien paßt, so ungern sie in ihrer Ruhe gestört werden möchten. Schon innerhalb des Parlaments neigen sie ja dazu, Opposition zu einer Art Ritual erstarren zu lassen, zu einer sogar bezahlten *Funktion*, die zum bloßen Echo verkommt und nichts mehr bewirkt. [...]

—

Weder Demonstration noch außerparlamentarische Opposition sind schon Widerstand, und ich erlaube mir zu bezweifeln, daß das im Artikel 20, Absatz 4 des Grundgesetzes uns zugesprochene *Recht* auf Widerstand jemals als gewaltsamer Widerstand bewilligt werden könnte. Mir erscheint dieser Paragraph als ein liebenswürdiger, überflüssiger Schnörkel, den der Gesetzgeber aus respektablen Gründen der deutschen Geschichte schuldig zu sein glaubte. Fällig wäre das im Grundgesetz uns zugesprochene Recht ja erst dann, wenn die Bundesrepublik nicht mehr der Staat wäre, der sich diese Verfassung gab.

Die eigentliche Frage ist, *ob gewaltloser Widerstand der rechtlichen Garantie bedarf.* Soweit es sich um einen inneren, einen existentiellen Widerstand handelt – etwa gegen Werbung, gegen alle möglichen Sorten der Verführung –, sind wir doch auf

Widerstand angelegt. Wenn man von jemand sagt, er sei ein widerstandsloser Mensch, definiert man ihn ja keineswegs positiv. Ein widerstandsfähiger Mensch, einer, der nicht auf jede Werbung, jede Verführung, jede politische Demagogie hereinfällt, einer, der widersteht, ist doch positiv definiert.

Am Beginn, sozusagen in der Morgenröte des christlichen Abendlandes standen zwei extrem widerstandsfähige Männer, die man als Männer des Widerstands bezeichnen kann: der eine heißt *Martin von Tours*, heiliggesprochener Bischof. Am Niederrhein, am Mittelrhein in Belgien,

Luxemburg und in Teilen Hollands ist er einer der populärsten Heiligen: an meist kühlen, oft nebligen Herbstabenden reitet er, von singenden, fackeltragenden, fröhlichen Kindern begleitet, durch die Dörfer und Städte, besungen, umjubelt auf seinem Pferd, in rotem römischen Offiziersmantel und mit goldenem römischen Helm, der Heilige, der der Legende nach seinen Mantel mit dem Schwert zerschnitt und mit einem Bettler teilte.

Martin von Tours ist eine historische Figur, nur: der rote Offiziersmantel und der goldene Helm sind die falsche

Verkleidung für den Reiter, der ihn jeweils darstellt. Martin von Tours wurde immerhin achtzig Jahre alt, und die Offizierskleidung legte er schon als Achtzehnjähriger ab, ob als Wehrdienstverweigerer oder nur als Berufswechsler, ist nicht bekannt; es wäre also nur gerecht, wenn der schmucke Reiter, dem die singenden und lärmenden Kinder an nebligen Novemberabenden folgen, im Verlaufe seines Rittes die Kleider wechselte, zum Mönch, zum Priester, zum Bischof sich umkleidete, denn Martin trug nur wenige Jahre Uniform, wahrscheinlich zwei oder drei Jahre. Mehr als sechzig Jahre

1981 *Rednerbühne im Hofgarten*

1981 *Friedensdemonstration in der Bonner Innenstadt*

1981 Friedensdemonstration Bonn: Heinrich Böll mit Erhard Eppler

seines Lebens ging er in ärmlicher Priesterkleidung. Er war ein Mann des Widerstands, und die so beliebten Martinszüge würden sogar dramaturgisch gewinnen, wenn man, wahrheitsgemäß, den jungen Reiter zwischendurch die Kleider wechseln ließe.

Ein Zweiter, fast ein Zeitgenosse Martins, wäre zu nennen: der *heilige Mauritius*, zeitweise ein Patron des Abendlandes, von Königen und Kaisern verehrt; er leistete nicht

nur zivilen, sondern sogar soldatischen Ungehorsam, war ein Befehlsverweigerer, wurde hingerichtet, wurde zum Märtyrer, wie seine ganze legendäre thebäische Legion und seine legendären Gesinnungsgenossen Victor in Xanten, Gereon in Köln, Cassius und Florentius in Bonn – soldatisch ungehorsam, Meuterer, Befehlsverweigerer, am gesamten Niederrhein hoch verehrt; die ältesten und schönsten Kirchen und Münster sind ihnen gewidmet. Es muß eine

ganze antimartialische Bewegung gewesen sein, die sich vom Wallis bis zum Niederrhein ausdehnte. Widerstandsvorbilder. *Germania inferior* – der heutige Niederrhein – errichtete diesen Meuterern, die zu Märtyrern wurden, Kirchen. Mauritius war lange der Bannerträger des Abendlandes, hochverehrt, gelegentlich als Mohr dargestellt, wahrscheinlich eine Anspielung auf seine orientalische Herkunft.

Die Gelübde der großen Orden sind Gelübde des Widerstands, der gebotene Gehorsam war Gehorsam im Widerstand gegen die Verlockungen der Welt. *Widerstand ist Christenpflicht*, er ist ein Element menschlichen Lebens: Welches Elternpaar wird seine Kinder völlig widerstandslos ins Leben und in die Welt hineinlaufen lassen? Es wäre nicht sehr weit hergeholt, die Zeit, in der wir leben, eine *martialische* Zeit zu nennen, vom

1981 *Harry Bellafonte bei seinem Auftritt im Hofgarten*

1981 *Demonstranten bei der Abreise am Hauptbahnhof*

heidnischen *Kriegsgott Mars*
bestimmt, der sich mit dem
Overkill nicht begnügen kann
und Over-over-Overkill
begehrt, und es gehört wohl zu
den denkwürdigsten Verzer-
rungen des abendländischen
Christentums, daß in der Nach-
rüstungsdebatte des Deutschen
Bundestages nicht *eine* Stimme
aus den christlich definierten
Parteien gegen den Over-over-
Overkill stimmte und daß auch
die Junge Union auf ihrem
Deutschlandtag *einstimmig* für
die Nachrüstung stimmte.

1983 *Dreitägige Blockade des US-Militärdepots in Mutlangen: Heinrich Böll und Ehefrau Annemarie mit dem Grafiker Klaus Staeck am Zaun des Militärdepots*

Geradezu makaber war die Stimme der katholischen Bischöfe, die dazu aufforderten, in dieser Frage parlamentarische Mehrheiten zu respektieren, wo sie doch in einer anderen Frage, *der Reform des Paragraphen 218*, eben diese Mehrheit nicht respektierten und zum Widerstand aufforderten, was übrigens ihr Recht ist. Und da soll es *nicht* Rechtens sein, gegen die Nachrüstung Widerstand zu leisten? Auch keinen zivilen Ungehorsam, obwohl hochverehrte Meuterer, die von Kirchen heiliggesprochen wurden, sogar als Soldaten Widerstand geleistet haben?

Der Widerstand gegen die Reform des Paragraphen 218, der sich oft genug demagogisch und violent gebärdete, *ist ebenso außerparlamentarisch, wie es die Friedensbewegung jahrelang war.* Inzwischen wird sie im Parlament von einer erheblichen Minderheit vertreten. Nur sechzig christlich definierte Abgeordnete, die dem Götzen Mars und der trügerischen heidnischen Göttin Sicherheit abgeschworen, die sich auf Widerstand als *Menschenrecht* und *Christenpflicht* besonnen hätten, nur sechzig, die ihrer metaphysischen Definition gedacht hätten – und wär's nur gewesen, um die Hoffnung auf diese Definition zu erhalten und ihre Christlichkeit nicht *nur* als abschreckend in die Geschichte einzubringen –, nur sechzig: Sie haben gefehlt. [...]

—

Man sollte das Wort Widerstand vor den Juristen retten, die Widerstand – auch gewaltlosen in der Gestalt des zivilen Ungehorsams – ausschließlich in Diktaturen gestatten möchten. Widerstand in der Form einer Blockade ist dem Streik vergleichbar, der ja auch in den meisten Fällen mit Blockaden und mit erheblichen Belästigungen verbunden ist. Ich erinnere an den Fluglotsen-

streik, den Streik der Lastwagenfahrer auf den deutschen Autobahnen, die Blockade der Grenzübergänge zu Italien, die sogar den Beifall des bayerischen Ministerpräsidenten fanden. Die da gestreikt haben, wissen wahrscheinlich nicht, daß Streik einmal eine *ungesetzliche Maßnahme* war; es hat lange gedauert, bis ein *Streikrecht* geschrieben wurde. Nicht jeder Widerstand ist Streik, aber Streik ist eine Form des Widerstands, oft genug gegen Mehrheiten. Widerstand ist ein Teil des natürlichen Rechts zur Gegenwehr, nicht formuliert, nicht formulierbar, meßbar nur da, wo Juristen ihm – was ihres Amtes ist – Grenzen setzen oder zu setzen versuchen. Grenzüberschreitungen waren aber oft – das Streikrecht zeigt es – der Weg zur Rechtmäßigkeit oder wenigstens Berechtigung hin. Man kann eine Grenze nur erkennen, wenn man sie zu überschreiten versucht.

Die Grenze des Widerstands ist nicht die Blockade, nicht die Verweigerung: die Grenze ist die *Gewalt*, jedenfalls in unseren Breiten. Wenn Blockaden innerhalb des *Streikrechts* erlaubt sind, wenn sie sogar den Applaus ordnungsliebender Ministerpräsidenten bekommen, müssen sie auch im Rahmen von *Widerstandsbekundungen* erlaubt sein. Beim Streik geht es um die Erlangung materieller Verbesserungen; Widerstand richtet sich gegen schlimmere als nur materielle Nachteile.

Über *Kunst* als Form des Widerstands nur wenige Sätze. Kunst ist Widerstand, immer gegen widerspenstiges Material, auch wenn dieses Material Sprache ist; sie ist sogar, übertrieben ausgedrückt, immer Gewalt gegen Sachen: der Cellist übt Gewalt an seinem Instrument, der Maler an der Leinwand, der Bildhauer übt Gewalt am Stein,

Komponisten und Schriftsteller üben Gewalt an Sprache und Ton. Sprache, Stein, Leinwand und Cello widerstehen dem, der ihnen Gewalt antut: *Im zwiefachen Widerstand entsteht Kunst.* In den meisten Fällen entsteht Kunst auch gegen den Widerstand des Publikums, das sich immer gegen das Neue sträubt.

Kunst ist nicht nur Widerstand, sie ist auch *Freiheit*; Widerstand ist ein Freiheitsrecht, und Freiheit, von der man keinen Gebrauch macht, verkümmert, auch in Demokratien: Mehrheiten können Freiheit erdrücken. Spricht man nicht gar von einer »erdrückenden« Mehrheit? Wo gegen die erdrückende Mehrheit, die für die Reform des Paragraphen 218 war, Widerstand als erlaubt und sogar geboten betrachtet wurde, muß auch Widerstand erlaubt sein gegen die Mehrheit derer, die für die Nachrüstung stimmten, und das war nicht einmal eine erdrückende Mehrheit.

Der erste Schrei des Neugeborenen ist Widerstand – gegen das Licht, gegen die Kälte der Welt. Jede Mutter macht ihr Kind widerständig und widerstandsfähig. Widerstand ist kein Recht; er ist eine Pflicht, jedem Menschen mitgegeben. Dieser Versuch, einige Gedanken über das Recht und die Pflicht zum Widerstand zu äußern, ist *ausschließlich bezogen auf die Situation in der Bundesrepublik Deutschland.* Widerstand – ob gewaltfrei oder gewaltsam – in *anderen Ländern* dieser Welt muß sich dort definieren, wo er entsteht und für notwendig erkannt wird: in Polen, Nicaragua, in der Sowjetunion, in Italien oder in Portugal.

Blockierer, zivil Ungehorsame hätten allen Grund und jedes Recht, eine verkürzte Heiligenlitanei anzustimmen, die lauten könnte: *Heiliger Martin, Heiliger Mauritius, Victor, Gereon, Florentius und Cassius – steht uns bei!*

■ Aus: *Steht uns bei, Ihr Heiligen! Wider die trügerische heidnische Göttin Sicherheit, 1984*

123 ■

F ür Samay

Wir kommen weit her
liebes Kind
und müssen weit gehen
keine Angst
alle sind bei Dir
die vor Dir waren
Deine Mutter, Dein Vater
und alle, die vor ihnen waren
Weit weit zurück
alle sind bei Dir
keine Angst
wir kommen weit her
und müssen weit gehen
liebes Kind

Dein Großvater
8. Mai 1985

FOTOGRAFENINDEX — BIBLIOGRAPHIE — IMPRESSUM

Wenn der Index die verschiedenen Fotos auf einer
Buchseite nicht gesondert ausweist, stammen alle Bilder
dieser Seite von dem angegebenen Fotografen bzw. der
Agentur.

Selbstvorstellung eines jungen Autors
In: Allemagne d'aujord'hui 1 (1953), Nr. 7, S. 833–835
u. d. T.: Présentation d'une jeune Auteur par lui-même

**Interview von Brigitte Paul und Ivo Banabo Micheli mit
Heinrich Böll**
In: Filmprotokoll der RAI-Amtea Produktion »Heinrich Böll«,
Köln: Neue Welt, 1977

Mit den Augen eines Soldaten
Briefe aus den Kriegsjahren (1940–1943)
In: Rom auf den ersten Blick. Reisen Städte Landschaften,
Bornheim-Merten: Lamuv, 1987

Das Risiko des Schreibens
In: Erzählungen, Hörspiele, Aufsätze, Köln: Kiepenheuer &
Witsch, 1961

Stichworte 2: Örtlichkeit
In: Jahresring 65/66 (1965), S. 246–252

Die Hoffnung ist ein wildes Tier
Der Briefwechsel zwischen Heinrich Böll und Ernst-Adolf Kunz
1945–1953, Köln: Kiepenheuer & Witsch, 1994

Irisches Tagebuch
Köln: Kiepenheuer & Witsch, 1957
Ankunft
In: Frankfurter Allgemeine Zeitung 6 (1954); Nr. 299,
(24. 12. 1954)
Skelett einer menschlichen Siedlung
In: Frankfurter Allgemeine Zeitung 7 (1955), Nr. 162,
(16. 7. 1955)

Frankfurter Vorlesungen
Köln: Kiepenheuer & Witsch, 1966

Versuch über die Vernunft der Poesie
In: Frankfurter Allgemeine Zeitung 25 (1973), Nr. 102
(3. 5. 1973)

Interview von Paul Schallück mit Heinrich Böll
In: Litterair Paspoort (Amsterdam) 8 (1953), Nr. 69,
S. 187–189

Verdirbt der Funk die Dichter?
In: Kölner Stadt-Anzeiger, 83 (1959), Nr. 139,
(20./21. 6. 1959)

Interview von René Wintzen mit Heinrich Böll
In: Eine deutsche Erinnerung, Köln: Kiepenheuer & Witsch,
1979

Ende der Bescheidenheit?
Zur Situation der Schriftsteller in der Bundesrepublik. Rede
zur Gründungsversammlung des Verbandes deutscher
Schriftsteller am 8. 6. 1969 im Kölner Gürzenich
In: Publik (1965), Nr. 25, (20. 6. 1969)

Die humane Kamera
Vorwort zu »Weltausstellung der Fotografie«, Hamburg:
Nannen-Verlag, 1964

Die ungehaltene Rede vor dem Deutschen Bundestag
In: Natur (1985), Nr. 5, S. 40–42

**Rede zur Verleihung des Nobelpreises am 10. 12. 1972
in Stockholm**
In: Frankfurter Allgemeine Zeitung 24 (1972), Nr. 287,
(11. 12. 1972)

**Ich han dem Mädche nix jedonn, ich han et bloß ens
kräje**
Dankrede zur Verleihung des Ehrenbürgerrechts der Stadt
Köln am 29. 4. 1983
In: Ich han dem Mädche nix jedonn, ich han et bloß ens
kräje. Texte. Bilder. Dokumente zur Verleihung des
Ehrenbürgerrechts der Stadt Köln, 29. April 1983,
Dokumentation der Stadt Köln, 1983

»Er wird sehr, sehr unter Heimweh leiden«
In: SPIEGEL 28 (1974), Nr. 8, S. 76–77

Gruß an Solschenizyn
In: Frankfurter Allgemeine Zeitung 30 (1978), Nr. 274,
(9. 12. 1978)

Brokdorf und Wyhl
In: Frankfurter Allgemeine Zeitung 28 (1976), Nr. 291,
(24. 12. 1976)

Über Willy Brandt
In: Dagobert Lindlau (Hrsg.): Gedanken über einen
Politiker, München: Kindler-Verlag, 1972

Ein Brief aus Prag
In: Tschechoslowakei 1968, Zürich: Die Arche, 1968

Hier muß er leben, dort gehört er hin
Über Wolf Biermanns Situation nach der Ausbürgerung,
1976
In: Stern (1976), Nr. 49, (25. 11. 1976), S. 26

**Steht uns bei, Ihr Heiligen! Wider die trügerische
heidnische Göttin Sicherheit**
In: Werner Hill (Hrsg.): Widerstand und Staatsgewalt,
Gütersloh: Gerd Mohn-Verlag, 1984

© 1995 Kiepenheuer & Witsch, Köln
Layout Willi Hollstein, Kempen
Umschlag Willi Hollstein, Kempen
Foto Hermann J. Baus, Köln
Gesamtherstellung Mohndruck, Gütersloh
ISBN 3-462023-97-7